자비의
윤 리

윤영호

세개의소원

자비의
윤 리

차 례

1 들어가며

2 자비의 윤리의 어원적 분석

3 자비의 윤리 결합 가능성에 관하여

4 자비의 윤리의 해석에 관한 시론 정초성定礎性에 관하여

5 마치며

1
들어가며

무시무시한 것이 많이 있지만,
人間보다 무시무시한 것은 아무것도 없다네.
그는 폭풍우치는 남쪽의 잿빛 바다 위
거센 파도를 가르며 돌진해 가네.
결코 소멸하지도 않고 결코, 지칠 줄 모르는
神들의 지고한 땅마저 파헤치고
해마다 말과 당나귀를 끌고 쟁기 보습으로 쑤셔대네.

쉽게 발견되는 새떼, 망으로 사로잡고
야생 짐승의 무리, 대양의 짠 물고기,
잘 얽어맨 유령 같은 그물로 잡는 그는,
무엇에나 정통한 사람.
기술로 야생 짐승의 주인이 되고,
높은 곳 자유롭게 날아다니는 날것의 주인이 되어,
말의 덥수룩한 갈기에 멍에를 씌우고
항상 민첩한 산짐승 굴복시키네.

도시의 토대가 되는 말과 자유로운 사상과 감정들을 자신에게 가르치고,
황량한 고원에 작열하는 햇빛과
쏟아붓는 빗발로부터 자신을 보호하네.
두루 돌아다녀 모든 것에 정통한 그,
결코 미숙한 채로 미래를 맞이하지 않네.
오직 죽음만은 피할 수 없지만,
어쩔 수 없었던 질병으로부터 피할 길 생각해 내었네.

자비의 윤리

영리함과 발명의 기술로 앞날을 경계하여
惡에서 한 걸음 한 걸음 善으로 나아가네.
나라의 법률, 神에 맹세한 법을 존중하면
그의 나라 영원히 우뚝 서고,
추악한 짓 무모하게 행하면 그는 나라를 잃네.

-소포클레스Sophokles의 『안티고네Antigone』中에서-

　예전에는 세계의 종말에 관한 판결로서 우리를 위협하였던 것이 종교宗
教, religion였다. 오늘날에는 바로 고통을 다하고 있는 우리의 지구 자체가
이날의 도래를 예견하고 있다. 그러나 이 마지막 계시는 예수Jesus가 설교하
였던 시나이 산으로부터 오지도 않고, 석가釋迦가 깨우쳤던 보리수菩提樹 나
무로부터도 오지 않는다. 한때는 훌륭한 창조로 나타났던 이 지구의 황무지
에서 우리 모두가 몰락하지 않으려면 우리의 탐욕스러운 권력을 억제해야
한다고 경고하는 것은 바로 말 없는 피조물被造物들의 고발이다.

-한스 요나스Hans Jonas, 1903~1993-[1]

1

21세기 과학기술을 통해 급속히 발전한 문명의 향유享有 속에 의기양양했던 인간의 지위는, 탐욕스런 권력을 유지하기 위해 철저히 개발의 대상으로만 보았던 '지구'에 의해 몰락할 운명에 처해있다. 이는 그동안 인간이 스스로를 신권神權의 대리자로 여기며 무절제하게 휘둘러왔던 과학기술의 남용과 그러한 남용을 가능하게 했던 굳건한 형이상학meta-physics적 배경으로 인해, 예정되었던 불행의 씨앗이었다. 하이데거Heidegger의 진단이 맞다면, 불행의 전조前兆는 '철학의 강단화講壇化'가 이루어진 아리스토텔레스Aristoteles 이후 이미 시작되었다. 하지만 본격적으로 개발의 거센 바람이 일기 시작한 것은 아마도 근대를 태동케한 대표적 철학자 데카르트Descartes를 기점으로 '근대'[2][3] 라는 새로운 시기를 맞이하면서부터 일 것이다.

"나는 생각한다. 그러므로 나는 존재한다Cogito ergo sum."[4]

데카르트의 이러한 혁명적 발언은 중세 '신神 중심' 세계에서 근대 '인간

자비의 윤리

人間 중심'의 세계로 근원적 패러다임의 전환을 불러왔다. 그리고 그는 일약 '근대철학의 아버지'가 되었다. "나는 생각한다. 그러므로 나는 존재한다." 즉, '내'가 생각해서 내가 '존재Sein'한다. 다시 말해서 '내가 존재하는 것은 내가 생각하기 때문이다.' 라는 문장을 철학적 용어로 바꿔보면 '나의 존재성'을 보장하는 것은 '나의 생각'이며, 나의 사유가 곧 나의 존재를 보장한다는 의미이다. 즉 '나'라는 존재가 바로 생각의 주체res cogitans이다.

이 문장이 지금은 매우 소박하게 들리지만, 데카르트가 살았던 그 시대에는 매우 혁명적이고 너무나도 반역反逆적인 명제였다. 교회Catholic라는 보편적 정치 권력을 움켜쥐고 있었던 당시 성직자들에게 데카르트의 명제는 황당무계함 그 자체였다. 그들이 배워온 중세철학의 상식에 따르면, 인간은 자기가 생각하기 때문에 존재하는 것이 아니었다. 그저 신神이라는 보편자普遍者가 생각을 해주기에 '나'라는 개별자個別者가 존재할 뿐이었다.[5] 즉 나의 존재에 앞서 이미 신神이 주신 본질本質이 있었다. 그렇기에 시대정신을 감안할 때, '내가 생각하기 때문에 내가 존재한다'는 발상은 너무도 혁명적이고 반역적이었다. 생각의 주체res cogitans가 '나'임을 외친 데카르트의 제1원리는 서구 역사에 있어서 최초로 나타난 근대적 자아관 Modern Ego이었다.

이러한 데카르트의 혁명적 선언은 근대성modernity을 불러온 근원적 토대인 '절대개인絶對個人의 존재론存在論'을 탄생시켰다. 이러한 존재론은 이후 근대의 모든 철학자들이 비판없이 답습하였고,[6] 철저한 '인간중심주의 人間中心主義'로 대표되는 근대를 시작하는 가장 강력한 원동력이 되었다. 바야흐로 인간人間은 중세 신神의 자리를 대신하여 모든 피조물을 다스리는 권력을 획득한 셈이었다. 그때부터 지구상의 모든 피조물은 인간을 위한 '개발'이라는 명목名目아래 무자비하게 파헤쳐지기 시작했다.[7] 철저히 인간에게 예속된 존재가 되었다.[8] 개발이 가져다주는 문명의 이기利器는 인간에게 미래에 대한 핑크빛 환상을 심어주었고, 으쓱해진 인간의 어깨는 내려질 줄 몰랐다. 위에 소개한 소포클레스의 『안티고네』에 등장하는 구절은 희망이라는 포장지로 감싼 인간의 내면에 감추어진 탐욕과 무서운 파괴 본능을 보여준다. 그리고 소포클레스의 예언아닌 예언대로 희망의 환상은 그리 길지 않았다. 엄청난 살상殺傷이라는 대가를 치룬 제1차, 제2차 세계대전은 근대의 모든 시기를 통틀어 그토록 자랑스러워하던 이성적 인간에 대한 환상을 처참히 무너뜨렸다.[9] 그리고 이후 등장한 반이성주의反理性主義, 반인간주의反人間主義의 광풍狂風은 인간중심주의人間中心主義의 몰락을 가져왔다.[10] 하지만 보다 심각한 문제는 의외의 곳에서 생겨났다. 그것은 인간에 의해 자행된 개발의 고통을 묵묵히 참아오던 피조물들의 세계가 보낸 종말終末에 관한 무언無言의 메시지였다. 이즈음에서 우리는 앞서 소개한 한스 요나스Hans Jonas의 말에 다시 귀 기울여 볼 필요가 있다.

> 예전에는 세계의 종말에 관한 판결로서 우리를 위협하였던 것이 종교였다. 오늘날에는 바로 고통을 다하고 있는 우리의 지구 자체가 이날의 도래를 예견하고 있다. 그러나 이 마지막 계시는 예수가 설교하였던 시나이 산으로부터 오지도 않고, 석가가 깨우쳤던 보리수 나무로부터도 오지 않는다. 한때는 훌륭한 창조로 나타났던 이 지구의 황무지에서 우리 모두가 몰락하지 않으려면 우리의 탐욕스러운 권력을 억제해야한다고 경고하는 것은 바로 말 없는 피조물들의 고발이다.

자비의 윤리

오늘날 피조물들의 고발은 우리의 생존 자체를 위협하고 있다. 현대 환경운동의 기념비적 고전이 된 레이첼 카슨Rachel Carson의 『Silent Spring』에서는 이러한 피조물들의 고발의 단적인 예를 보여준다. 그녀는

"봄은 왔는데 숲에서는 새소리가 들리지 않고,
봄은 왔는데도 혼탁한 샛강에서는 물고기가 뛰놀지 않는다"

라고 한탄하며, 그 이유가 해충을 없애기 위해 밭이나 숲에 마구 뿌린 살충제DDT에 있다고 예리하게 지적한다.

한반도의 예를 들면 피조물들의 무언無言의 고발은 더욱 가깝고 설득력 있게 들린다. 지구 온난화[11]로 인해 지난 100년 동안 한반도의 기온은 평균 1.5°C 높아졌고, 주변 바닷물의 온도는 2°C 정도 상승했다고 한다. 평균 기온이 1°C 올라가면 공기 중의 수증기는 7%, 강수량은 1~2% 증가한다고 알려져 있다. 만약 이런 속도로 지구 전체가 계속 더워진다면, 열대지방의 해수면 온도 또한 계속해서 상승하고 해수면의 온도가 상승하면 대기 중의 온도가 높아지며 강력한 태풍이 발생하게 된다. 게다가 이렇게 강한 태풍은 육지 근처에 오면 예전처럼 세력이 약화되는 것이 아니라, 연근해 수면의 온도가 상승하며 증가한 수증기의 도움을 받아 내륙에서도 강한 세력을 유지하게 된다. 덕분에 생명체들에게도 커다란 피해를 입히는 것이다.[12] '매미', 그리고 '루사', '파라피온' 등 좀처럼 보기 힘들던 강력한 태풍이, 평균 이상의 회수로 1년에도 수차례씩 한반도에 강력한 피해를 주는 것 역시 바로 피조물들의 무언無言의 고발에 의한 것이다.

이외에도 피조물들의 고발은 지구 곳곳에서 더 이상 무언無言이 아닌 유언有言으로 표출되고 있다. 그 유언有言의 표출은 이제 인간에게 지구를 이

대로 방치할 여유를 주지 않는다. 자연에 대한 두려움을 넘어 과학이라는 신기한 도구로 자유자재로 자연을 지배할 수 있다고 여겼던 인간의 오판[13]이 이제는 과학이라는 도구로도 지배할 수 없는 거대한 자연에 대한 경외敬畏로 바뀌며, 과학 이전의 원시시대 샤머니즘의 향수享受를 불러일으키고 인류를 회향回向시키고 있다.

이제 인류가 해야 할 일은 무엇인가? 생존을 위협하는 성난 자연 앞에 인류가 할 수 있는 일은 도대체 무엇인가? 성난 자연을 잠재우기 위해 지금껏 해왔던 이상의 더 큰 탄압으로 자연을 매질해야 하는가? 그렇지 않으면 지금껏 해왔던 매질에 대한 사과의 의미로 자연의 분노를 수용해야 하는가? 지금은 그 어떤 대안도 만족스럽지가 않다. 왜냐하면 무엇도 사태의 근원적 해결 방안을 제시하지 않기 때문이다. 그렇다면 인류는 무엇을 해야 하는가?

필자는 지금 우리에게 무엇보다 필요한 것은, 잊고 있던 '인간 행위에 관한 당위sollen'[14]의 재구축이라고 생각한다. 그 과정은 단순한 이론적 유희遊戱가 아닌 실천할 수 있는 것에 대한 절박한 모색이 되어야 한다. 그리고 이는 새로운 시대에 대처하기 위한 새로운 윤리학에 대한 모색, 실권失權했던 윤리학 본원의 권위를 회복하는 과정이 되어야 할 것이다. 그러나 그 과정은 그리 간단하지가 않다. 왜냐하면 인류는 그동안 과학문명을 지탱해온 서구의 인간중심적 윤리의 몰락을 이미 경험하였고, 그러한 윤리의 몰락과는 반대로 과학기술의 급속한 발전을 통해 '정보화시대'라는 새로운 시대로의 전환을 이루어냈기 때문이다. 이 책은 이러한 모순으로부터 출발하고자 한다. 앞으로 필자는 다음의 두 가지 목적을 전제로 이야기를 전개하고자 한다.

하나, 서구 인간중심주의적 윤리가 지니는 한계의 대안으로, '자비慈悲의
　　윤리倫理'가 지니는 의미는 무엇이며, 어떻게 해석할 것인가?
둘, 단일지평이 형성되어가는 정보화시대에 '자비의 윤리'의 기초를 어
　　떻게 정립하고 해석할 것인가?

　첫 번째 목적, 인간중심주의적 윤리가 지니는 한계의 대안으로서 '자비
의 윤리'의 의미를 해석하는 것은 그리 어렵지 않다. 하지만 두 번째 목적,
이제껏 인류가 경험하지 못한 새로운 지평인 정보화시대[단일지평]에 '자
비의 윤리'의 기초를 정립하는 문제는 쉽지 않으리라 생각된다. 왜냐하면
정보화시대라는 지평은 단순한 시대의 변화만을 의미하지 않는다. 그것
은 지금까지 인류가 경험하였던 모든 지평으로부터의 전환이었기 때문이
다.[15] 기술시대를 넘어선 정보화시대는 실물實物과 대상對相, 그것을 다루
는 기계와 장비가 널려 있는 현실적 공간으로 우리의 삶을 규정하지 않는
다. 정보, 기호, 이미지가 우리 삶을 규정하고, 버튼 하나로 동일한 회로의
정보를 모든 인류가 공유한다. 그것이 바로 지금, 단일지평의 시대이다.

　그렇다면 정보화시대 '자비의 윤리'의 기초를 정립하기 위해 가장 시급
한 것은 무엇인가? 그것은 바로 정보화시대에 대한 정확한 진단이다. 진단
을 위해 정보화시대의 기술이나 현상 등 지엽적인 분석보다 정보화시대를
통해서 발생하는 지평의 단일현상과 그로 인해 파생되는 이론의 대화 필연
성에서 찾고자 한다. 그래야만 정보화시대 '자비의 윤리'를 정립하기 위한
단서를 잡을 수 있기 때문이다.

2

21세기, 소위 정보화시대[16)]의 고도로 발달된 문명의 이기들은 더이상 인간이라는 존재sein를 고립된 영역에 홀로 두지 않는다. 각종 정보와 통신기술은 방안에서도 세상 끝에서 일어나는 일을 경험하게 한다. 우리는 손가락으로 버튼 하나만 누르면 세계가 배달되어오는 시대를 살고 있다. 이러한 오늘의 모습을 귄터 안데르스Gunther Anders는 다음과 같이 차갑게 비판하기도 했다.

> 우리는 오늘날 더이상 세계로 나갈 필요가 없는 시대에 살고 있다. 왜냐하면 세계가 집안으로 우리에게 배달되어오기 때문이다. 그렇게 세계를 공급받고 있는 현대의 우리는 더이상 '세계 안에' 있는 것이 아니라, 단지 그저 그러한 기술세계의 게으름뱅이 소비자들에 불과할 뿐이다.[17)]

귄터 안데르스의 지적이 맞다면, 더이상 하이데거의 '세계-내-존재Inder-welt-sein'라는 기초 존재론은 의미를 잃는다. 민족의 고유한 전통사상이라고 여겨졌던 3간사상三間思想 또한 의미를 잃는다. 지금의 변화가 지금까지 인류 문명이 거쳐온 과정 같이 어느 한 시대의 특수한 문화양상이 단순히 반영된 것이 아닌 전통적으로 유지되어왔던 모든 삶의 지평이 '바뀐다'는 것을 의미한다. 실물과 대상, 그것을 다루는 기계장비 등이 널려 있는 현실적 공간이 우리의 삶을 규정[기술시대]하는 것이 아니라 정보, 기호, 이미지, 전자화폐 등이 판을 치는 사이버 공간이 우리의 현존재Dasein를 규정하는 시대, 이러한 정보화시대는 전통의 마지막 황금 영역이라고 여겨지던 '지식'에 대한 개념조차 바꾸어놓았다.

정보화시대에 '지식'이라는 이름은 더이상 전통적 의미가 들어있지 않다. 소크라테스Socrates의 형상eidos, 플라톤platon의 이데아idea, 중세 카톨릭의 궁극적 절대자絕對者에 대한 영지靈知나 불교의 열반涅槃 등 전통적으로 황금률Golden Law로 여겨져온 모든 가치체계들 역시 교환가치로 평가되는 '정보'라는 새로운 회로 속으로 들어가지 못하면 그 존재 이유를 잃어버린다. 즉 우리는, 정보가 되지 못한다면 아무리 고귀한 가치를 지닌 지식이라도 여지없이 그 존재 가치를 잃고 마는 시대를 살아가고 있다. 이러한 변화는 리오타르J.F. Lyotard의 다음의 말 속에 잘 담겨 있다.

> 지식은 정보량으로 번역될 수 있을 때에만 새로운 회로로 들어갈 수 있고 활용될 수 있다. 그러므로 기존의 지식 가운데에서 이와 같이 번역될 수 없는 것은 모두 방치될 것이며 새로운 연구의 방향은 가능한 결과들이 기계 언어로 번역될 수 있다는 조건에 따르리라고 예상할 수 있다. 지식의 사용자와 마찬가지로 '생산자' 역시 창조하고 배우려는 것을 이런 언어로 번역하는 수단을 지녀야

> 한다. 이런 해독 기계에 대한 이미 상당히 진척되고 있다. 이것은 정보학의 주도권과 더불어 발생되는 하나의 논리이자 지식에 속하는 것으로 인정되는 진술에 관한 일련의 규정이다(…) 지식의 공급자 및 사용자가 지식에 대해 갖는 관계는 상품의 생산자 및 소비자가 상품에 대해 갖는 관계와 같은 형태, 즉 가치 형태를 가질 것이다. 지식은 팔리기 위해 생산되며 또한 새로운 생산에서 더 높은 가치를 부여받기 위해 소비된다. 이 두 경우에서 지식은 교환되기 위해 생산되고 소비되는 것이다. 지식은 자기 고유의 목적을 포기하고 '사용 가치'를 상실한다.[18]

모든 것이 정보화되어 공유되는 오늘날, 앞에서 말한 것처럼 더이상 과거와 같은 고립된 영역은 점점 사라질 것이다. 즉 우리는 정보에 의해 상호상관相互相關하는 단일지평 속에서 삶을 영위한다. 이토록 새로운 시대를 맞아 인간의 현실적 실천행위를 규정하는 윤리倫理, ethics 역시 그 목적의 방향을 바꾸어야 할 것이다. 이제 이질적 문화지평 속에서 발생하는 '상황윤리'라는 개념은 어느덧 구시대의 유산물이 되어가고 있다.

버튼 하나면 다른 문화를 생생하게 체험할 수 있는 시대, 내 방안으로 배달되어오는 이질적 문화의 정보를 게으르게 소비하는 것으로 지평의 확대를 경험할 수 있는 시대, 이제 자신만의 독자적 영역의 고수하는 것은 대세를 거스르는 반역이라고 할 수 있다. 그러니 시대적 변화를 고려하여, 인간의 행위를 규정하는 윤리[19] 또한 그 토대를 새롭게 확립해야 한다. 왜냐하면 '세계화世界化'라는 이름 아래 각종 문명의 이기들을 통해 만들어져가는 단일지평의 시대적 대세는, 그동안 빗장을 풀지 않았던 많은 이질적 가치체계의 대화를 종용하고 있기 때문이다. 서양과 동양, 기독교, 불교, 유교,

무슬림 등의 모든 문화체계는 더이상 자기만의 독자적 영역을 고수하지 않는다. '정보'라는 이름으로 새로운 회로에서 서로를 교환하며 만나고 있다. 이제 버튼 하나면 지평의 확대를 경험할 수 있는 시대이니까. 이제 인간의 행위를 규제하는 '윤리'라는 담론談論의 역시 더욱 절실하게 대화가 필요하다. 왜냐하면 특정한 이론의 가치체계를 반영하는 각자의 윤리는 동일한 문제에 대해서도 다른 판단과 행위를 수반할 수 있기 때문이다. 시·공간의 전통적 범주를 넘어 단일지평을 형성하는 오늘날, 이러한 위험은 더욱 커지고 있다.

> '윤리는 실천의 영역이다.'
> '윤리는 선택의 영역이다.'

그렇기에 윤리를 탄생시킨 토양들이 대화하지 않는다면, 각기 다른 가치체계를 기반으로 형성된 각자의 윤리는 필연적으로 대립과 부조화를 일으킬 수밖에 없다. 따라서 '정보화시대=단일지평의 시대'의 윤리를 확립하기 위해서는 다양한 가치체계들의 근원적 대화가 필요·충분조건이다. 더욱이 당위의 학문인 '윤리'조차 버튼 하나로 자신들의 기호에 맞는 이론을 선택하려는 현대인들의 경향을 제지하기 위해서도 이질적 가치체계와의 대화는 무엇보다 시급하다.

이러한 이유로, 필자는 서두에서 서구 인간중심주의적 윤리의 대안으로 제시하고자 하는 '자비의 윤리'의 기초를 정립하는 것이 쉽지 않을 것이라 언급한 것이다.

이상의 내용을 기반으로 필자는 두 가지 관점에 초점을 맞추어 논의를 전개하고자 한다.

첫째, 서구 인간중심주의적 윤리가 지니는 한계의 대안으로 '자비의 윤리'가 지니는 의미에 대해 어원적 분석과 함께 통시적通時的 관점을 중심으로 고찰하고,

둘째, 공시적共時的 관점을 중심으로 '자비'와 유사한 다른 지평들의 핵심 개념과의 비교·연구를 통해 '자비의 윤리'가 지니는 보다 심층적·입체적 이해를 도모하고자 한다.

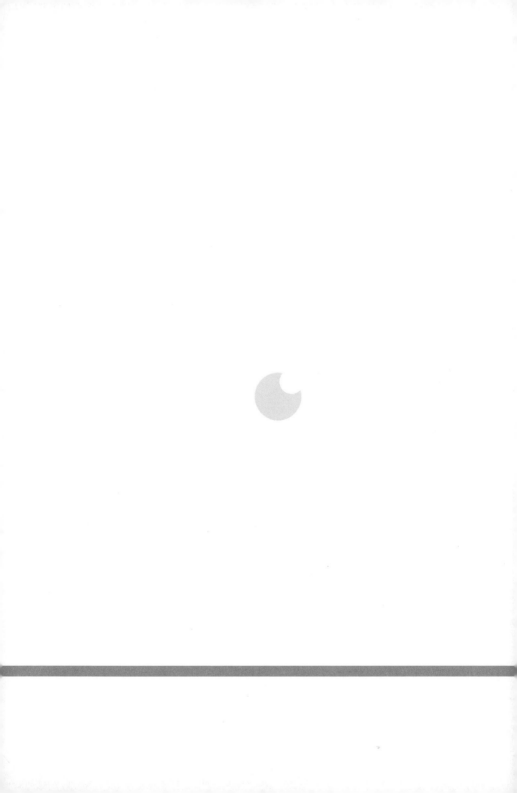

2
자비의 윤리의
어원적 분석

자비慈悲

한역경전에서 일반적으로 쓰는 '자비慈悲'라는 용어는 사실 산스크리트 원어에서는 발견되지 않는다. 즉 '자비'로 번역되는 'maitrī慈'와 'karuṇā悲'가 복합어로 쓰이는 용례는 없다. 이 두 단어의 의미가 비슷하므로 한역가漢譯家들이 이 양자를 실질적으로 구분하지 않고 습관적으로 붙여 사용하던 데에서 '자비'라는 술어가 생겨났으리라 추측한다.[20] 따라서 여기서는 '자慈'와 '비悲' 각각의 어원적 의미를 분석하고, 분석한 내용을 토대로 '자비'의 의미를 정의하고자 한다.

1. 자慈

'자慈'는 산스크리트 원어로 'maitrī', '우정友情', '자慈' 등의 의미로 번역한다.[21] 모니어 윌리엄스Monier Williams의 『Sanskrit-English Dictionary』에서는 'maitrī'라는 말이 'mith'라는 어근에서 파생되었다고 설명한다.[22)23)24)] 'mith'는 '결합하다to unite', '만나다to meet'등의 뜻을 가진

다. 이로 미루어 볼 때 'maitrī'라는 용어는 '결합'이나 '만남'을 의미하는 것으로, 그 의미가 확장되어 '우정', '사랑', '자慈' 등으로 정립되었으리라 생각한다. '결합'이나 '만남'은 '나我'와 '타자他'[25]가 관계를 맺는다는 것을 의미한다. 내가 타자를 진심으로 대하고, 타자와 내 마음이 하나가 되었을 때, 우리는 정신적·육체적 교감을 한다. 타자의 즐거움이나 괴로움을 나의 것[我所]처럼 느껴지면, 당연히 타자에게 즐거움을 주고 싶어지는 것이다. 따라서 여러 불교문헌에서는 '자慈'를 타자에게 즐거움을 주고 싶은 마음으로, '비悲'는 타자로부터 괴로움을 없애주려는 마음으로 정의한다. 왜 이러한 구분이 있게 되었는지에 대해서는 '비悲'의 어원적 의미를 살펴본 후, 양자를 비교하면서 깊이 생각해보기로 하자.

2. 비悲

'비悲'는 산스크리트어로 'karuṇā'이다. 'karuṇā'는 'kṛ'에 어근을 두고 있는데, 'kṛ'는 '쏟아내다to pour out', '흩뿌리다to scatter', '자기 자신으로부터 벗어나다to throw off from one's self' 등의 의미를 갖는다.[26] '동정同情', '비悲' 등으로 한역되고 있는 'karuṇā'가 'kṛ'에서 파생되었다는 사실에서 'karuṇā'라는 말의 특색이 어느 정도 드러난다. 고통받는 타자를 보며 슬퍼하고 동정하는 마음은 자기 스스로를 비우는 과정에서 생겨난다. 타자의 고통에 대한 진실한 이해는 아집我執을 벗어나야만 가능하기 때문이다. 아집에 사로잡혀 있으면 타자의 고통은 나와 별개의 문제로 느껴지고, 타자와의 관계 역시 자기중심적이고 이기적인 토대 위에서 이루어진다. 따라서 'karuṇā'라는 말은 아집을 쏟아내고, 그것으로부터 벗어나면서 생겨난 타자의 고통에 대한 슬픔 혹은 동정이다.

불교 사상의 핵심인 '연기법緣起法'은 사물의 상의상관성相依相關性을 나타낸다. 파악되어진 대상[所取]과 대상을 파악하는 주체[能取]는 연기緣起의 관계 속에서 생각해야 한다. 독존적 실체로서 존재하는 나와 타자, 주체와 객체에 대한 그릇된 관념은 인간 괴로움苦의 원인이 되며, 결국에는 붕괴될 수밖에 없다.

나와 타자를 구분하는 그릇된 관념을 극복하기 위해서는 연기의 이법理法을 충분히 이해하고 이를 삶 속에서 체화體化시켜야 한다. 그래야 '자타일여自他一如'의 경지 속에 지낼 수 있다. '동정'이나 '연민'은 자기라는 테두리를 벗어날 때 생겨나는 마음이며, 연기법과 직결되는 내용을 포함하고 있다. '쌓아감'을 특징으로 하는 행위는 그러한 행위 자체가 '쌓여지는 것'을 중심으로 한정될 수밖에 없다. 그러나 '쏟아냄'과 '흩뿌림'은 '쌓아감'과는 반대로, 특정한 중심점을 향하여 일방적으로 나아가지 않는다. 모든 방향에 대해서 열려 있다. 따라서 '쏟아냄'과 '흩뿌림'의 어원이 된 'karuṇā'는 자기극복을 전제로, 모든 타자를 향해 나아가는 전면적이고 절대적인 이타행利他行을 담아내기에 합당한 의미를 가지고 있다.

지금부터는 '자'와 '비'가 서로 구분되는 이유를 살펴보기로 하자. '만남'이나 '결합'이라는 어원적 의미를 가진 '자'는, '비'와 비교했을 때 '자기로부터 벗어난다'는 의미가 분명하게 드러나지 않는다. '만남'이나 '결합'이란 어디까지나 나[自]와 타자[他]의 구분을 전제로 한다. 그러니 나에 대한 독존적 관념을 완전히 버리지 않아도 어느 정도 가능하다. 그러니 나와 타자의 '만남'이나 '결합'은 '특정한 나' 위에 '특정한 타자'를 더하는 형태라고 생각할 수도 있다. 따라서 결과적으로 자기를 비움으로써 타자에게로 나아가는 '비'와는 상당한 차이가 있다.

앞서 언급했듯 '자'는 타자에게 즐거움을 주려고 하는 마음, '비'는 타자로부터 괴로움을 제거해 주려는 마음으로 설명할 수 있다. '즐거움을 주는 것'과 '괴로움을 제거해 주는 것'은 결과적으로 동일한 의미를 갖는다. 괴로움과 즐거움은 상반된 감정이지만 서로 맞물려 있기에 한쪽이 커지면 다른 한쪽이 줄어들고, 다른 한쪽이 줄어들면 또 다른 한쪽이 커지는 반비례의 관계이다. 그러나 '괴로움을 제거하는 것'과 '즐거움을 주는 것'의 외연을 비교해 보면, 양자의 차이가 분명하다. 즐거움을 주는 것은 어떠한 상태에 놓여 있는 개인에게 즐거움이라는 것을 더해 준다는 의미이다. 따라서 좋고 나쁜 여러 가지 감정 가운데 '즐거움'이라는 감정이 증가될 뿐 다른 감정들은 동시에 존재한다는 가능성이 있다. 그러나 괴로움을 제거하는 것은 사정이 다르다. 괴로움의 제거란, 즐거움을 방해하는 모든 요인의 제거를 의미한다. 여러 가지 감정 가운데에 단 하나의 괴로움마저 남김없이 제거한다는 의미이므로 '즐거움'이라는 구체적인 말을 쓰지 않았을 뿐 더 넓은 인연을 갖는 말이다.

지금까지 '자'와 '비'의 어원적 분석을 통해 양쪽의 차이점을 살펴보았다. 여러 불교 문헌에서 '자'를 즐거움을 주려고 하는 마음, '비'를 괴로움을 제거해 주려는 마음으로 구분하여 설명하는 것은 이와 같은 어원적 배경에서 기인된 것이라 판단된다. '자'와 '비'를 다루고 있는 여러 문헌에서도 역시 이와 같은 방식으로 의미를 설명하는 것이 일반적이다. 그런데 예외적으로 '자'와 '비'를 반대로 설명하는 경우도 발견된다.[27] 그런 경우, 양 단어 모두 괴로움을 없애고 즐거움을 준다는 두 가지 의미일 수 있다고 설명한다. '자'와 '비'에 대한 이러한 설명이 가능한 이유는 'mith', 'kṛ' 모두 정도의 차이는 있지만 '고립에서 어우러짐으로 나아간다'는 역동성을 가지고 있기 때문이다. 즉 '만남'이나 '자기로부터 벗어남'이라는 의미는 나[自]와 타자[他]가 고락苦樂을 함께 한다는 의미로 연결할 수 있다. 그러나 이러한 설명이 발견되는 문헌은 흔하지 않다. 따라서 '자'와 '비'에 대한 이러한 정의는 예외적인 것으로 취급하고자 한다.

이상의 내용을 고찰함에 있어 주의 깊게 살펴보아야 할 대목이 있다. 그것은 '자비의 윤리'의 정초성定礎性을 결정짓는 키워드라 할 수 있는 '자自'와 '타他'의 범위에 관한 것이다. '자'와 '타'의 범위를 어떻게 두느냐에 따라 불교 윤리의 해석이 달라지기 때문이다.

일단 '자'의 범위는 어느 정도 예상할 수 있다. '자비를 행하는 주체자'. 하지만 '타'의 범위를 어떻게 둘 것인가에 대해서는 불교 내에서도 각각 종파의 종지에 따라 의견이 다르다. '타'의 범위를 일반윤리학general ethics에서처럼 단순히 인간 존재로 볼 것인가? 그렇지 않으면 통상적인 불교의 견해와 같이 일체유정으로 볼 것인가? 그렇지 않으면 가령 '초목성불草木成佛'을 주장하는 천태종天台宗의 종지처럼 일체유정을 넘어 초목 등으로까지 확대해서 볼 것인가?'

이에 대해서는 명확한 결론을 내리기 어렵다. 특히 각각의 견해가 탄생한 토양인 각 종파의 교리체계에 대한 검토가 함께 수반되어야 하기 때문이다. 하여 여기에서는 설명을 줄이기로 하겠다. 그럼에도 통상적으로 모든 불교지평이 공통적으로 인정하는 공통분모를 감안하면, '타'의 범위는 '인간 존재' 이상의 의미를 함축하고 있다. 이 지점이 '자비의 윤리'가 여타의 윤리들이 가지고 있는 한계와 오늘날 인간중심주의가 낳은 현대사회의 폐해와 문제점을 헤쳐나갈 새로운 비전이 되는 중요한 부분이다.

지금까지 '자'와 '비'에 대한 어원적 분석을 통해 두 개념의 의미에 대해 고찰하였다. 그런데 실상 경전에서는 '자'와 '비'를 병행하는 것 보다, '비悲'와 '대비大悲'의 병행 형태로 많이 사용한다. 아울러 '대비'는 '자비'의 해석에 대한 시대적 변천을 담고 있는 중요한 교리적 화석이며, 특히 필자가 펼쳐나갈 해석에 공리公理가 될 중요한 개념이기 때문에, 잠시 살펴보도록 하겠다.

3. 자비의 비悲와 대비大悲

'대비大悲'의 산스크리트 원어는 'mahākaruṇā'이다. 'mahā'라는 말은 '위대한', '거대한', '큰' 등의 의미를 지닌 수식어이다. 따라서 'mahākaruṇā'는 복합어로서 한자로는 '대비大悲'로 번역된다. 초기 불교의 문헌 중에 쓰인 용례를 살펴보면 '대비'는 '비'와 의미상 큰 차이가 없었던 것으로 보인다. 단지 '비'를 강조하기 위해 '위대한', '큰'이라는 뜻을 첨가한 것에 지나지 않았다. 하지만 붓다 교설에 대한 근본적 해석체계인 아비달마교학의 발전과 더불어 '비'와 '대비'는 확연하게 구분되기 시작했다—'자'에 있어서도 동일하다—.[28] 즉 '비'는 일반 범부에게도 있을 수 있지만, '대비'는 오직 붓다에게만 있는 18불공불법不共佛法의 하나가 되었다. 18불공불법이란 불타의 10력力·4무소외無所畏·3념주念住와 함께 '대비'를 일컫는 것으로써 승乘이나 보살菩薩에게는 공유되지 않는 붓다만이 지니는 공덕功德이라고 설명한다.

그리고 '비'가 '대비'로 바뀌면서 그 적용대상역시 단순한 '타인他人'에서 '일체중생一切衆生'으로 바뀐다. 즉 범부는 자기와 관련된 사람에게만 비심悲心을 일으키는 것에 반해, 붓다는 일체중생에게 대비심大悲心을 갖는 것이다. 붓다와 범부의 이러한 차이는 자기 자신에 대한 집착의 유有·무無에 근거한 것으로 생각된다. 범부는 자기 자신에 대한 집착이 남아있기 때문에 비심이 제한되고, 붓다는 자신에 대한 집착으로부터 자유롭기 때문에 일체중생에게로 향하는 커다란 비심이 일어나는 것이다. 그러니 'kṛ' 라는 어근이 가진 본래의 의미를 '비' 보다는 오히려 '대비'가 더욱 잘 드러낸다고 볼 수 있다.

'비'와 '대비'에 대한 이러한 해석은 향후 불교교학의 발전하면서 '자비慈悲'와 '대자대비大慈大悲'에 대한 해석에도 그대로 투영된다. 특히 수행방편으로서의 '자비'와 성불의 과보로써 붓다만의 공덕으로 규정하는 '대자대비'의 구분은 이러한 '비'와 '대비'에 대한 해석에서 기인되었다.

지금까지 '자비'의 뜻에 대해 살펴보았다. 지금부터는 '자비의 윤리'에 있어 자비의 짝말에 해당하는 '윤리倫理'에 대한 어원적 분석을 시도하고자 한다. '윤리'는 서양의 'ethics'라는 용어의 한역어이므로, 보다 깊은 이해를 위해 한역어 '윤리'와 그 번역어 'ethics'를 모두 살펴보기로 한다.

윤리倫理와 ethics

'윤리'와 'ethics' 가운데, 먼저 'ethics'의 한역어에 해당하는 '윤리'에 대해 살펴보기로 하자.

1. 윤리倫理

'윤리倫理'라는 글자를 풀어보면 먼저 '윤倫'[29]자는 '무리類', '또래輩', '질서' 등의 의미를 가지고 있다. 그리고 '윤倫'자의 부수部首가 '사람人' 변인 것으로 보아 '윤倫'자는 사람의 무리나 또래를 지칭한다고 할 수 있다. 그리고 '리理'자는 '이치理致', '이법理法', '도리道理'라는 뜻을 가지고 있다. '리理'자는 원래 '옥을 다듬는다治玉也.'는 의미에서 출발[30][31]한 것이 변천하여 이러한 뜻을 갖게 되었다. 그러므로 '윤리倫理'는 '무리나 또래 사이의 이치理致', '이법理法', 곧 '사람과 사람 사이의 관계, 인간관계의 이법理法'을 가리키는 말이라고 할 수 있다. 이는 전통적으로 동양에서 '물리物理'가 사물의 이치를 표현하는 것처럼, '윤리倫理'는 사람과 사람 사이의 관계, 즉 인간관계의 이

법을 표시하고자 하는 의도에서 나타난 것이라 할 것이다.[32][33] 그런데 여기에서 한 가지 주목해야 할 내용은, 그것은 '윤리'라는 기표記表, signifiant가 가지고 있는 그 기의記義, signifie´가 앞서 설명한 '자비'와는 상이한 범위를 내포하고 있다는 점이다. '자비'에 대한 어원적 분석을 시도하면서 '자自'와 '타他' 가운데 '타'의 범위가 인간존재 이상의 범위를 함축하고 있음을 고찰하였다. 그러나 '윤리'는 '자비'와 달리 '사람과 사람 사이의 관계, 인간관계의 이법'이라는 그 의미를 통해서도 확인할 수 있듯, 그 적용 범위를 인간존재로 한정한다. 이는 '윤리'라는 단어의 원어인 'ethics'가 함축하고 있는 의미에서도 확인할 수 있다.

2. ethics

'윤리倫理' 혹은 '윤리학倫理學'을 나타내는 영어 'ethics'나 독일어의 'ethik'[34], 불어의 'ethique' 등은 모두 희랍어 'ethike'에서 유래하였다. 'ēthikē'는 '동물이 사는 곳', '우리[畜舍]', '집'을 뜻하는 'ēthos'에 그 뿌리를 두고 있는데, 사회의 풍습, 개인의 관습·품성 등의 이미지를 포함하여, '윤리적 의식', '신념', '태도', '도덕성'이라는 뜻을 가지고 있다.

이렇게 어원의 분석을 통해 우리는 서양 윤리학이 모두 인격에 관한 학문이라는 것, 그리고 인간 행위行爲의 궁극목적인 '최고선最高善'을 밝히는 것에 그 초점을 두고 있다는 것을 유추할 수 있다. 그리고 이는 'ethics'의 번역어인 '윤리倫理'의 의미를 분석하면서 살펴보았듯이 그 범위가 인간존재에 국한됨을 재확인시켜주는 중요한 단서이기도 하다. 참고로 영어에서 '윤리the ethical'라는 단어와 거의 같은 뜻으로 사용되는 'the moral'을 분석해보면 역시 같은 결론에 도달하게 된다. 흔히 우리말로 '도덕道德'[35][36]으

35

로 번역되는 'the moral'은 라틴어 'moralis'에서 유래하였으며, 그 어원은 'mos'이다. 'mos'는 앞서 살펴본 희랍어 'ēthos'와 거의 동일한 의미를 내포하고 있다. 즉 'moral' 역시 '인간존재 상호 간의 질서 내지 이법'을 의미하는 것으로, 함축하고 있는 범위는 인간존재에 국한된다.

이러한 사실을 통해 우리는 '윤리'에 해당하는 서양의 그 어떤 용어도, 그 기의가 함축하고 있는 범위가 인간존재에 국한되어 있으며, '자비'와 같이 그 범위가 인간존재 이상을 의미하는 경우가 없다는 것을 확인할 수 있다.

그렇다면 21세기 새로운 윤리학으로 '자비'와 '윤리'라는 두 단어를 '자비의 윤리'로 결합할 수 있을까? 그 결합 가능성에 대해서는 매우 신중한 접근이 필요하다. 그래야만 '자비의 윤리'라는, 그 기표가 함축하고 있는 의미를 온전하게 해석할 수 있기 때문이다. 지금부터는 '자비'와 '윤리'라는 두 개념을 더욱 심층적·입체적으로 검토하며 그 결합 가능성에 대해 고찰하고자 한다. 고찰은 '자비'와 '윤리' 두 개념이 내포하고 있는 범위에 초점을 맞춰 살펴보기로 한다.

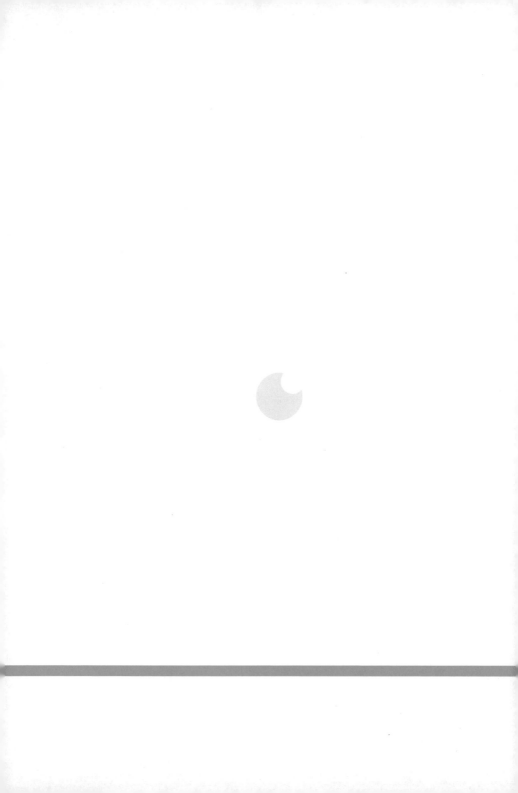

3
자비의 윤리
결합 가능성에 관하여

자비와 윤리, '자비의 윤리'가 될 수 있는가

앞서 2장에서 '자비'와 '윤리'라는 두 개념이 함축하고 있는 의미를 어원적 분석을 통해 살펴보았다. 두 개념이 탄생한 바탕은 매우 다르지만, '결합 가능성'에 어떻게 접근할 것인지에 대한 근원적 시각을 어느 정도 찾을 수 있었다. 그것은 바로 두 개념이 내포하고 있는 범위에 관한 것이었다. 살펴본 바에 의하면 '자비'가 적어도 인간존재 이상의 범위를 내포하는 반면, '윤리'와 'ethics'는 인간존재에 국한된 범위를 내포하는 것으로 확인되었다. 그렇다면 '자비'와 '윤리'는 결코 결합될 수 없다는 한계를 확인한 셈이다. 그래서 이제 두 개념을 탄생시킨 지평들을 조금 더 심층적으로 살펴보며 두 개념의 결합 가능성에 대해 한발 더 나아가고자 한다.

1. 자비慈悲의 범위

앞서 분석한 '자비'의 어원을 다시 한번 서술하면, '자비'에서 '자'는 즐거움을 주려고 하는 마음으로, '비'는 괴로움을 제거해 주고자 하는 마음으로,

결국 '자비'는 '~에게 즐거움을 주고, 괴로움을 제거해 주고자 하는 마음'이라고 정의할 수 있다.

그런데 이 정의에서 우리는 '~에게'에 해당하는 대상의 범위에 대해서는 그 어떤 정보도 가질 수 없다. 사실 통시적 관점으로 불교의 발전과정에 따른 자비관慈悲觀을 이해하지 않고서는 이 범위에 대해 명확한 규정을 내리기가 어렵다. '자비'는 자타일여自他一如의 정신에 그 사상적 젖줄을 대고 있기에, '자自'에 대해서는 어느 정도 그 범위를 예측할 수 있지만, '타他'의 범위에 대해서는 아직 불교계에서 정설이 없다. '타'의 범위를 일반윤리학에서 정의하듯 인간존재로 볼 것인가, 아니면 일반적인 불교 견해처럼 유정有情으로 볼 것인가? 그것도 아니면 '초목성불'을 주장하는 천태종의 뜻과 같이 유정有情을 넘어 무정물인 초목으로까지 그 범위를 확대할 것인가? 여기에 평범한 이들이 수행으로 실천하는 덕목인 '자비'와 깨달음을 이룬 성자가 실천하는 덕목으로서의 '자비'의 해석에 대한 불명확성까지 더해지면, '자비'의 범위를 어떻게 둘 것인가 하는 문제는 심각한 아킬레스건이 된다.

앞서 필자는 자비의 어원적 분석을 통해 '자비'라는 개념이 내포하고 있는 범위가 인간존재 이상이라고 말한 바 있다. 그러나 이러한 자비의 범위에 대한 해석은 종론終論이 아닌 시론始論이며, 지금도 진행 중이다. 불교에서 통사적으로 자비의 범위를 일체유정[인간존재이상]으로 설정하는 이유는, 불교의 교리체계에서 마땅히 해탈을 지향해야 하는 6도윤회道輪廻의 주체가 일체유정이기 때문이다. 물론 이 유정의 범위 역시 당시의 과학적 성과를 반영한 것이다. 그러나 이러한 인도식 불교가 에반젤리즘evangelism에 의해 중국으로 전해지고, 독자적으로 해석하고 정착하는 과정에서, 윤회는 실재하는 것이 아니라 불교교리의 이해를 위한 일종의 상징 혹은 비유로 그 지위가 하락했다. 그 과정속에 천태종의 초목성불 사상과 같이 성불의 가능성이 일체유정을 넘어 무정물無情物인 초목 등의 존재에게까지 인정되는 급진적인 변화도 겪게 된다.[37] 물론 초목을 무정물로 보는 것은 당시 과학성과의 반영이었다.

그렇다면 놀라운 과학의 성과를 경험하고 있는 오늘, 우리는 '자타일여'에서 타자他의 범위를 어디까지 두어야 할 것인가? 이런 고민에 대해 꽤 오래전 발간되어 베스트셀러가 되었던 에모토 마사루江本勝의 저서『물은 답을 알고 있다』는 우리에게 많은 시사점을 제공한다. 저자는 지금까지 무생명체로 여겨졌던 물이 인간의 말에 의해 공명하며 그 결정체가 변화되는 실험 결과를 통해, 물 역시 생명체임을 주장하였다.

이러한 현대과학의 성과를 바탕으로, 오늘날 우리는 자비의 범위를 어떻게 설정할 것인가? 6도윤회의 주체라는 불교전통을 따라 그 범위를 일체유정으로 고집할 것인가, 그렇지 않으면 현대과학의 성과를 받아들여 생명이 있는 모든 존재[有情·無情][38]를 자비의 범위에 둘 것인가?

그런데 한 가지 흥미로운 사실은 경전 상에 이미 이러한 질문에 대한 해답이 있다는 사실이다. 다음 경문들은 자비의 범위에 대한 새로운 해석을 제시한다. 먼저『karaniya metta-sutta』에는 다음과 같은 내용이 있다.

> 살아있는 생명이건 어떤 것이든 동물이건 식물이건 남김없이
> 길다랗거나 커다란 것이든 중간이건 짧건 미세하건 거칠건
>
> 보이는 것이나 보이지 않은 것이나 멀리 살건 가까이 살건

> 이미 생겨난 것이건 생길 것이건 모든 뭇 생명은 행복하여지이다.[39]

여기에 이미 '뭇 생명'에 대한 석존의 태도가 보인다. "살아있는 생명이건 어떤 것이든 동물이건 식물이건…" 살아있는 많은 생명은 그 자체로 행복해야할 권리를 가진 것이다. 이러한 뭇 생명에 대한 석존의 태도는 다음의 『사자후에 대한 큰 경』에 보다 구체적으로 나와 있다.

> 싸리뿟타여, 그 가운데 나의 삼가는 삶은 이와 같았다.
> 싸리뿟타여, 나는 나아가고 물러섬을 깊이 새기고 한 방울의 물에도 나의 연민을 실어 '나는 길 위의 틈새에 사는 작은 생명체라도 다치지 않기를'하고 기원했다.
> 싸리뿟타여, 나의 삼가는 삶은 이와 같았다.

"한 방울의 물에도 나의 연민을 실어 '나는 길 위의 틈새에 사는 작은 생명체라도 다치지 않기를'하고 기원했다."는 구절은 석존의 뭇 생명에 대한 극단적 입장을 보여준다. 게다가 "한 방울의 물"에도 연민을 싣는다는 내용은 우리에게 에모토 마사루의 과학에 기반한 실험결과보다 더 큰 통찰과 실천의 본보기를 보여준다. 필자는 감히 에모토 마사루의 실험결과가 2,500년 전, 석존의 통찰을 과학적으로 체계화한 것이라는 상상을 해본다.

'뭇 생명'에 대한 석존의 태도는 석존이 무상정등정각無上正等正覺을 성취한 후, 가장 먼저 한 행동에도 오롯이 담겨있다. 불전에 따르면, 석존은 깨달음을 성취한 후 가장 먼저 보리수菩提樹에 감사의 뜻을 표했다고 한다. 보리수 아래에서 수행하는 동안, 보리수가 뜨거운 햇빛과 비바람으로부터 석존을 보호했기 때문이다. 의식이 없는 나무에 감사를 표한다는 것은 오늘날은 물론 당시 고대 인도인들에게도 흔치 않은 일이었다. 그러나 석존은 의식을 가진 인간과 의식이 없는 나무를 구별하지 않았다. 석존에게 그 나무는 그저 살아있는 생명체였고, 그래서 그 나무로부터 입은 은혜에 감사를 표하는 것은 당연한 의무라고 생각한 것이다. 더욱이 석존이 감사를 표한 방법 역시 놀랄 만한 것이었다. 불전에 따르면, 석존은 보리수 앞에 서서 무려 일주일 동안이나 눈 하나 깜박이지 않고 보리수만을 주시했다고 한다.[40] 이러한 석존의 '뭇 생명'을 대하는 태도는 "초목을 보호하라"는 석존의 교계敎戒를 철저하게 지키고자 한, 초계草繫 비구의 유명한 일화에서도 확인할 수 있다.

> 한 사람의 비구가 길을 가다가 도적을 만나 옷을 빼앗기고 길가 풀숲 속에 풀과 줄기로 묶임을 당하였는데, 그 비구는 일체의 초엽草葉을 꺾고 부러뜨리지 말라는 붓다의 가르침에 전념했기 때문에 능히 그 결박에서 벗어날 수가 있었지만 풀을 다치지 않게 하기 위하여 꼼짝하지 않고 풀에 묶인 채 그대로 엎드려 있다가 이튿날 그곳에 사냥 나온 국왕에 의하여 구출되었다.[41]

이러한 명확한 자료들을 종합해서, 필자는 자비의 범위를 일체유정을 넘어 살아있는 '뭇 생명'으로 규정하고자 한다. 예전에는 무정물無情物이라 여겨졌던 많은 존재가 오늘날 과학의 도움으로 유정물有情物의 지위를 획득하고 있기 때문이다. 사실 6도윤회의 주체라는 점을 배제한다면, 유정과 무정을 포괄하는 '일체유정'으로 정의해도 무방하지만, 불교에서 여전히 '일체유정'이라는 용어를 6도윤회의 주체에 국한해서 사용하기 때문에 필자는 자비에 있어서 그 대상인 타자의 범위를 '뭇 생명'으로 규정하고자 한다. 자비의 범위를 '뭇 생명'으로 규정하는 이러한 정의는, 발전하는 과학의 성과를 얼마든지 수용할 수 있다는 점에서 매우 유용하다고 할 것이다.

이상으로 대략적이지만 자비의 범위에 대해 살펴보았다. 지금부터는 '윤리'의 범위에 대해서 고찰해보도록 하겠다. 고찰의 과정은 오늘날 서구 문명을 가능케했던 헬레니즘과 헤브라이즘의 철학적, 종교적 전통을 중심으로 하겠다.

2. 윤리倫理의 범위
_서양 철학(윤리)적•종교적 전통을 중심으로

① 서양 철학(윤리)적 전통에서 바라본 윤리의 범위

우선 윤리의 범위에 대한 본격적인 고찰을 수행하기에 앞서 해결해야 할 선결과제가 있다. 그것은 이른바 '철학의 강단화'를 통해 분과 학문으로 정착된 서양 '윤리학ethics'의 유형에 대한 검토작업이다. 이러한 선행적 작업이 수행되어야 윤리의 범위에 대해 명확한 정의를 할 수 있기 때문이다.

하지만 이는 그리 간단한 문제가 아니다. 왜냐하면 전승되어온 자료에 대한 해석적 논쟁과 첨삭 혹은 오역, 그리고 왜곡된 문헌에 대한 교정 작업이 오늘날에도 이루어지고 있기 때문이다. 최초의 철학자 소크라테스 이후 약 2,500년이라는 시간의 장벽을 넘을 수 있는 '문헌'이라는 귀중한 유산은 완전하게 상속되지 않았으며, 이러한 자료의 한계로 인해 문헌에 대한 정확한 접근과 해석이 불가능하기 때문이다.[42] 그러나 한 가지 다행스러운 것은 윤리학의 유형에 대해 학계의 정설로 인정받는 몇몇 이론이 존재한다는 점이다. 그 가운데 윤리학 유형의 구분에 대한 고전이라고 불리우는 조지 무어G.E. Moore의 이론을 통해 서양 윤리의 범위를 고찰하기 위한 초석을 다지고자 한다.

ⓐ 서양윤리의 유형[43]

캠브리지Cambridge 학파의 선도자 조지 무어는 인생의 목적 또는 행위의 법칙을 발견하는 방법론을 기준으로 종래의 윤리 학설을 크게 세 부류로 나누었다.[44] 소개하면 다음과 같다.

⊙ 형이상학적 윤리설meta-physical ethics

'형이상학적 윤리설'이란 실재reality에 관한 형이상학적 이론이 선good에 관한 윤리학적 문제 해결의 참된 기초라고 믿는 학설이다. 이러한 형이상학적 윤리설에는 세부적 차이가 있으나, 다음의 명제에 대해서는 공통된 입장을 가진다.

ⓐ 윤리학의 기본원리로부터 윤리학적 진리가 논리적으로 추리된다.
ⓑ 최고선supreme good을 형이상학적 언어로 기술한다.

이러한 형이상학적 윤리설의 대표 학자로는 아리스토텔레스Aristotles, 스피노자Spinoza 등이 있다.

⊙ 자연주의적 윤리설naturalistic ethics

'자연주의적 윤리설'이란 자연적 사실, 곧 경험할 수 있는 사실을 근거로, 보편적인 인생의 목적 또는 절대적인 행위의 법칙을 추론해 낼 수 있다고 믿는 견해이다.[45] 자연주의 윤리설의 옹호자들은 대부분 가치의 근거를 특히 인간의 심리학적·사회학적 사실에서 구하는데, 그 대표적 경우가 바로 쾌락주의hedonism이다. 그런 자연주의 윤리설은 비단 인간에 관한 사실

뿐만 아니라, 생물학적 사실 또는 자연계 전반에 관한 사실 등에서 가치의
근거를 구하려는 견해도 있다. 경험적인 현상의 어떠한 측면을 가치의 근
거로 보느냐에 따라, 자연주의 윤리설에도 쾌락주의적 자연주의hedonistic
naturalism, 진화론적 자연주의evolutionary naturalism, 실용주의적 자연주의
pragmatic naturalism, 감정론적 자연주의affective naturalism 등의 분파가 생
겼다.

⊙ 직각론적 윤리설intuitional ethics
'직각론적 윤리설'은 존재, 혹은 사실에 관한 인식으로부터 당위나 가치
에 관한 이론을 추리해 낼 수 있다는 생각에 동의하지 않는다. 직각론에 따
르면 도덕의 원리는 사실 명제를 전제로 삼아 간접적으로 추리해 내는 것
이 아니라, 모종의 선천적 능력을 동원하여 직접적으로 파악해야 하며, 또
그렇게 파악할 수 있는 것이다. 직각론에도 여러 분파가 있지만, 다음과 같
은 공통된 입장을 갖는다.

ⓐ 시비是非·선악善惡 등의 가치는 객관적으로 실재하는 것, 즉 대상
자체가 본유하는 특성으로서 어떠한 주관에 의해서도 생멸되거
나 증감하지 않는다.
ⓑ 정상적으로 정신이 발달한 모든 사람은 시비 또는 선악을 판별할
수 있는 선천적 능력이 있다.

지금까지 대략적으로 서양 윤리의 유형에 대해 살펴보았다. 하지만 윤리
학은 철학의 한 영역 속에서 하나의 분과로 체계를 만들어 정착된 것으로,
이는 결국 윤리학을 주장한 사상가의 철학적 사상과 밀접한 불이不二 개념
을 이루고 있다.

오늘날 서양윤리의 한계점으로 비판 받는 중요한 지점은, 바로 철저한 '인간중심주의적' 경향이다. 하지만 이에 대해서도 역시 많은 논란이 있으므로 이하에서는 그러한 오해에 답변한다는 의미에서, 간략하게 서양윤리의 형이상학적 배경을 인간중심주의를 중심으로 고찰하고, 최종적으로 윤리의 범위에 대해 정의내리고자 한다.

ⓑ 서양윤리의 형이상학적 배경_인간중심주의를 중심으로

흔히 현대 서양윤리의 한계라고 주목하는 가장 중요한 지점은 앞서 지적한 바와 같이 인간중심주의적 경향에 있다. 우주 안에서 인간만이 유일하게 절대적 고귀성, 즉 절대적 가치를 지니고 있으므로, 인간만이 특권을 누릴 수 있다는 인간중심주의.[46]

현대문명이 이러한 인간중심주의에 기반을 내리고 있다는 것은 분명한 사실이다. 하지만 서양의 모든 역사가 이러한 인간중심주의에 뿌리내리고 있다고 단정하기는 어렵다. 따라서 지금부터는 서양사상의 전반적 흐름을 따라가며 서양의 역사가 인간중심주의에 뿌리를 두고 있다고 단정할 수 있는지 그 타당성을 살펴보고자 한다. 아울러 어떠한 계기를 통해 인간중심주의가 형성되었는지에 대해서도 고찰해보기로 하자. 이러한 고찰을 위해서는 무엇보다 먼저 인간중심주의에 대한 명확한 규정이 필요할 것이다.

인간중심주의란, 앞서 서술한 것처럼 우주 안에서 인간만이 유일하게 절대적 고귀성, 즉 절대적 가치를 지니고 있으므로 인간만이 특권을 누릴 수 있다는 뜻으로 해석할 수 있다. 하지만 이러한 추상적 정의만으로 인간중심주의를 명확하게 이해하기엔 부족한 바, 필자는 인간중심주의를 대략 다음과 같은 두 가지 측면으로 구분하여 고찰해보려 한다.

자비의 윤리

⊙ 인간중심주의

① 인간**의** 중심이 된다는…

② 인간**만이** 중심이 된다는…

이 두 정의는 일견 비슷해 보이지만, 조금만 깊이 들여다 보면 그 의미에 확연한 차이가 있음을 알 수 있다.

①의 경우는 인간을 중심으로 두긴 하지만, 어디까지나 '중심'이라는 부분만을 고려했을 뿐, 앞서 정의한 것처럼 인간만이 유일하게 절대적 고귀성을 가지기에 인간만이 특권을 누려야 하며, 나머지 존재는 인간이라는 호모사피언스 종을 위해 철저히 희생되어야 하는 도구적 존재라는 주장을 내포하지는 않는다. 사실 인간이 '중심'이 된다는 명제가 반드시 역기능을 가져오는 것은 아니다. 예컨대 자연을 가꾸고 보호하는 등의 순기능 역시 기대할 수 있기 때문이다. 그래서 한스 요나스는 미시윤리학擧示倫理學 뿐만 아니라 거시윤리학微示倫理學 역시 결국 인간이라는 존재에 의해 이루어질 수밖에 없다고 고백한다.

따라서 오늘날 '인간중심주의'라고 했을 때, 우리가 통상적으로 받아들이는 정의는 ②, 즉 '인간**만이** 중심이 됨'을 의미한다. 이러한 두 정의는 인간중심주의라는 누명 아래 철저히 왜곡되어온 서양철학적 전통에 새로운 해석의 가능성을 제시한다.[47)]

그렇다면 서양 철학적 전통이 인간중심주의라는 누명과 오명을 쓰게된 이유는 무엇일까? 철학사적으로 구분하여 간략히 설명하면 ①의 정의는 <고대철학>에 해당하며, ②의 정의는 데카르트를 기점으로 시작되는 <근대철학>에 해당한다. 근대철학의 '(인간만이 중심이 되는)인간중심주의'는 이미 데카르트에 대한 하이데거의 해석을 통해 그 의미를 명확히 이해했으리라 생각된다. 따라서 여기서는 (인간이 중심이 되는)①의 정의가 지니는 의미에 대해서 간략히 살펴보도록 하겠다. 논의는 "인간은 정치적인 동물이다"라는 아리스토텔레스의 명제로부터 시작하기로 하자.

이 명제는 고대 희랍에서 출발하여 중세기독교 사상으로 계승되고 있는 것으로 여기에서 우리는 정치政治, politics라는 말의 뜻에 주목해야 한다.

정치란 무엇인가? 아리스토텔레스가 말하는 '정치'란 사회society 또는 경제economy와는 엄격히 구분되는 고유의 영역이다. 근대정치사상의 이념을 바탕으로 한 민주국가에 살고있는 현대인에게는 정치라는 이름 아래 사회 또는 경제에 해당하는 모든 행위가 결정된다. 즉 '국회에서 정치를 한다'는 것은 국민의 기본생활권 보장과 사회복지 증진에 필요한 경제, 사회정책을 논하고 제정하는 행위를 뜻한다. 그 이외의 정치란 순수한 권력power의 문제, 곧 권력투쟁power struggle의 문제일 뿐이다. 그러나 고대 희랍인들은 경제, 사회와는 엄격히 구분되는 정치의 고유 영역을 인정했다. 고대 희랍인들에게 '정치'란 어떤 의미였을까?

한나 아렌트Hannah Arendt는 다음과 같이 말한다.

> '정치적 삶'이란 구체적으로 인간사의 차원을 지칭하는 것으로서 특히 그러한 삶을 확립하고 유지시키는데 필요한 실천과 프락시를 지칭하는 것이었다. 노동이나 일은 그 자체적으로는 자율적이고 진정으로 인간본연의 삶을 구성하기에 필요한 고귀함을 충분히 갖고 있지 못한 것으로 간주되었다. 노동과 일은 필요한 것과 유용한 것을 생산하는 행위였기에 인간의 필요와 욕구로부터 자

유롭거나 독립적이지 못하였다. 정치적 삶이 이와는 구별된 것은 '폴리스polis'내에서의 삶에 대한 희랍인들 특유의 이해에서 비롯되었는데 폴리스의 삶이란 그들에게는 아주 특별하고 자유롭게 선택한 정치조직의 형태로서 결코 그저 인간들 사이의 질서를 유지하는데 필요한 모든 유형의 행위를 지칭하는 것이 아니었다. 물론 그렇다고 해서 희랍인들이나 아리스토텔레스가 인간들은 항상 어떤 형태이든 정치조직을 필요로 한다거나 신하들을 통치하는 것이 하나의 특별한 삶의 형태가 될 수 있다는 사실을 모른 것은 아니다. 그러나 폭군의 삶은 바로 필요에 불과한 것이었기 때문에 자유로운 것이 아니었으며 '정치적 삶'과는 아무런 관계가 없었던 것이다.[48]

'정치'란 기본적 필요의 차원, 즉 경제economics의 문제와 사회질서social order의 문제와는 다른 것이었다. 따라서 고대 희랍에 있어서 정치는 여자와 노예를 부리는 것으로 경제적인 문제를 완전히 해결한 남자들이 폴리스에 모여 행하는 자유로운 행위였다.

그렇다면 정치란 구체적으로 무엇을 말하는가? 고대 희랍인들은 인간의 프락시스praxis 중에서 자아실현을 가능케하는, 가장 의미 있는 행위로 전쟁과 전투, 항해술, 운동경기와 체조, 시詩, 농사와 목축, 웅변, 그리고 혈족, 가족, 도시 등에서 공동생의 영위 등을 꼽았다. 이밖에도 건축, 조각, 회화, 수학, 철학, 신학 등도 가장 인간다운 프락시스이라고 생각하였다.[49] 그런데 이러한 행위들은 각기 나름대로의 가치와 기준이 있어서 그중 어느 하나가 다른 것들에 비해서 월등하거나 더 귀중하다 할 수 없었다. 그러니 이와 같은 인간다운 행위가 모두 존중되고 조화를 이루기 위해서는, 나름의 질서와 방법과 지혜를 도모해야 했는데, 이것이 바로 고대 희랍인들이 정치라고 일컬은 행위였다. 플라톤이 『국가』에서 철인통치哲人統治의 이상국理想國을 그리면서 정의正義, justice란 궁극적으로 사회 구성원 간의 완벽한 조화를 통하여 실현될 수 있다고 한 것도 바로 정치에 대한 고대 희랍인들만의 특유의 이해에서 온 표현이었다. 이렇듯 정치란 근본적으로 공동체적共同體的, 간주관적間主觀的인 것이며 "인간은 정치적인 동물이다"라는 명제 역시, 인간은 공동체 내에서 생활할 때 비로소 인간다워지고, 인간으로서의 완성을 꾀할 수 있다는 의미를 담고 있다.

이는 앞서 지적한 데카르트의 절대개인의 존재론과는 너무도 다른 전제이다. 절대개인의 존재론에 의하면 인간은 부모로부터, 신으로부터, 공동체로부터 절대적으로 자유로운, 즉 철저한 '나의 생각'에 의해 나의 존재성이 담보되는 존재이다. 라이프니츠의 표현을 빌린다면 "창 없는 모나드 windowless monad"이다.[50] 그렇다면 외부와 절대적으로 교섭이 없는 '나'는 타인, 혹은 타자들과 어떻게 관계할 수 있는가? 여기에 바로 근대성을 가능하게 했던 표상[Vor-stllen]개념이 등장한다. 모두 '나'에 의해 내 앞에 세워지고 구성되는, 이러한 데카르트 존재론에 의하면 모든 존재는 내가 구성하는 것이며, 대상을 구성하는 '나'를 위해 모든 대상이 존재한다.[51] 이는 마치 모든 존재를 '내'가 구성하고 창조하는 중세의 신과 같다. 타인은 물론이고 모든 존재자가 나를 위해서 존재한다.[52] 이런 '나'들이 모인 집합적 명사 '인간', 여기에서 철저히 인간만이 중심이라는 인간중심주의—②의미—가 탄생하는 것은 자명한 것으로 보인다.

하지만 "인간은 정치적인 동물이다"라는 명제 속에 함축된 고대 희랍 철학의 존재론에 의하면 인간은 스스로에 의해 존재성을 담보 받을 수 있는 존재가 아니다. 공동체 내에서 다른 인간과의 관계를 통해서 인간으로서의 완성을 꾀할 수 있다는 주장, 여기에서는 '인간만' 중심이 된다는 사상을 찾아볼 수가 없다. 왜냐하면 여기에는 데카르트의 절대개인의 존재론과 달리 타인의 존재성을 선험적으로 인정하는 간주관적間主觀的 존재론이 기본적 토대가 되기 때문이다.[53]

이는 동일한 '인간중심주의'라는 얼굴을 하고 있지만, 그 내면은 매우 다름을 알려주는 중요한 사실이다. 그렇다고 해서 두 지평이 전혀 이질적이라고 말할 수는 없다. 왜냐하면 근대철학은 고대 희랍 철학의 '근본으로의 회향'을 목표로 삼고 있으며, 이러한 목표를 당시에 융성하던 과학의 힘을 빌어 보다 더욱 강력하게 정립했기 때문이다. 그렇기에 정도의 차이는 있지만, 고대철학과 근대철학이 인간중심주의에 대한 교집합을 형성하고 있음을 알게 된다. 이러한 사실은 서양 사상의 형이상학적 배경이 인간중심주의에 뿌리내리고 있음을 시사하는 결정적 증거라 할 것이다.

이로써 서양 윤리의 범위가 인간존재만을 함축하고 있다는 것은[54] 명확해졌다. 그럼에도 앞서 살펴본 것처럼 고대철학의 '인간중심주의'와 근대철학의 '인간중심주의'에 대한 구분은 새로운 의미로 다가온다.

지금까지 윤리의 범위라는 주제 속에 서양 윤리의 유형과 그러한 윤리를 형성시킨 형이상학적 배경을 철학적 전통을 중심으로 살펴보았다. 지금부터는 서양문명의 강력한 원동력이 되었던 또 하나의 축, 기독교의 전통을 중심으로 윤리의 범위에 대한 고찰을 수행하고자 한다. 하지만 2,000년이라는 유구한 전통 속에 점진적으로 형성된 기독교의 체계, 그 시간을 고려할 때 '~는 ~이다'라는 사전적 정의만으로 2,000년의 방대한 역사를 담고 있는 기독교를 올바로 평가하기는 어렵다. 또한 '기독론', '삼위일체론' 등 기독교 신학 내에 오늘날까지도 해석의 논란이 계속되는 개념이 많기에 여기에서는 방대한 기독교 체계 가운데 '기독교 윤리'라는 담론이 형성된 배경을 중심으로 윤리의 범위에 대해 간략하게 고찰해보기로 한다.

② 서양 종교적 전통에서 바라본 윤리의 범위
  _기독교를 중심으로

'기독교基督敎'는 어원 그대로 '기독基督'—기독의 히브리어는 '메시아', 라틴어는 '그리스도'이며, 기독은 '그리스도'의 음사로 '기름 부은 자', '구세주救世主'의 의미를 지님— 의 '가르침敎'으로 형성된 종교로서 유대 땅 나사렛에서 태어난 역사적 존재, 예수라는 인물로부터 시작된다.

예수는 "회개하라, 천국이 가까워 왔다."라는 종말론적 선포kerygma를 통해 약 3년간의 공생애 노정을 보내고, 인류의 죄의 대속代贖이라는 메시아적 사명을 위해 십자가에 돌아가신 뒤 3일 만에 부활하였다. 기독교는 이러한 신앙적, 체험적, 역사적 전통으로부터 시작된다. 이러한 전통에 의해 형성된 기독교 윤리의 근원적 토대는 바로 예수가 일평생을 통해 가르친 '사랑'이다. 이러한 사랑의 개념을 기반으로 한 윤리의 핵심은 공관복음서의 한 율법학자와의 대화에 잘 나타나 있는데, 인용하면 다음과 같다.

> 예수께서 사두개인들로 대답할 수 없게 하셨다함을 바리새인[55]들이 듣고 모였는데, 그 중에 한 율법사가 예수를 시험하여 묻되, "선생님이여 율법 중에 어느 계명이 크나이까?"

예수께서 가라사대

"네 마음을 다하고 목숨을 다하고 뜻을 다하여 주 너의 하나님을 사랑하라 하셨으니 이것이 크고 첫째 되는 계명이요, 둘째는 그와 같으니 네 이웃을 내 몸과 같이 사랑하라 하셨으니 이 두 계명이 온 율법과 선지자의 강령이니라"[56][57]

인용에 나온 두 계명은, 모세 이후 전승되어오는 유대 율법의 고착과 형식성에 대해 율법의 '근본정신으로의 복귀'라는 예수의 비판적 메시지를 담고 있는 중요한 내용으로, 이는 소위 기독교에서 황금률Golden law이라고 하는 기독교 윤리의 핵심 계명이다.[58] 이 말씀에서 예수는 유대교·유대민족에게 있어 가장 중요한 생활 규범이었던 전통적 율법, 이러한 율법의 고착성·형식성을 벗어나 '복음'이라는 새로운 윤리로의 전환을 역설하고 있는데, 이런 이유 때문에 두 계명은 이후 모든 기독교 윤리의 가장 상위개념으로서 자리하게 된다.

결국 기독교 윤리는 이 두 계명을 어떻게 해석할 것인가에 대한 고민의 역사라고 해도 과언이 아니다. 따라서 기독교 윤리의 범위에 대한 고찰을 수행하기 위해서는 먼저 두 계명이 내포하는 의미에 대한 해석이 선행되어야 한다. 그러나 이는 기독교 윤리의 핵심인 만큼 방대한 역사적 전통을 포함한 복합적 문제이기도 하다. 여기서는 그 의미보다는 그 범위에 대한 대략적인 내용만 살펴보도록 하겠다.

상기의 두 계명은 '하나님을 사랑하라'와 '이웃을 사랑하라'로 요약할 수 있다. 물론 "네 마음을 다하고 목숨을 다하고 뜻을 다하여", "내 몸과 같이"라는 문장을 두고 하나님과 이웃을 어떻게 사랑해야 하는지에 대한 해석의 여지가 있지만, 두 계명이 내포하는 대상의 범위는 결국 '하나님'과 '이 웃'으로 특정할 수 있다. 여기서 '이웃'이 의미하는 바는 어렵지 않게 추측 할 수 있다.[59] 이 계명 속의 '이웃'은 일반적 용례로 사용되는 이웃, 바로 지 상의 수많은 종種들 가운데 하나인 인간종人間種을 의미한다. 즉 "네 이웃을 사랑하라"는 계명은 네 주변의 사람들, 더 나아가 '모든 인간종을 사랑하 라'고 해석할 수 있다.

그런데 사실 이러한 계명은 현실적으로 실행 불가능한 명제이기도 하다. 왜냐하면 여기에는 모든 인간을 사랑해야만 하는 당위성이 담보되어 있지 않기 때문이다. 다시 말해 윤리의 주체인 '내'가 모든 인간을 사랑해야 하는 이유에 대한 당위성과 필연성을 설명할 수 없다면 무의미한 명제가 되고 마는 것이다. '내 가족'을 사랑할 수는 있다. 그 범위를 확대해 '내 이웃'과 '내 동료'도 사랑할 수 있다. 그러나 나와는 일면식도 없는 세상 저편의 모 든 인간을 무조건적으로 사랑해야 한다는 것은 납득하기 어려운 정언명령 이다. 따라서 "모든 사람을 사랑하라"라는 명제에 당위성을 부여하기 위해 서는 먼저 명제에 대한 근거가 확보되어야 한다.

필자는 이러한 근거를 첫째 계명인 "하나님을 사랑하라"에서 찾고자 한 다. '하나님'이라는 거대한 존재를 향한 사랑에 의해 모든 인간를 사랑하라 는 명제가 충족되는 것이다. 즉 하나님에 대한 사랑은 "모든 인간을 사랑하 라"는 명제의 필요조건이다. 서로 남남인 인간이 서로를 사랑할 수 있는 선 험적 토대가 바로 하나님인 것이다.[60] 그리고 기독교에서는 하나님을 기존 유대교舊約와는 다르게 해석한다. 만약 하느님을 '주主'로 해석하면, 인간은 당연히 종從이 된다. 그런데 예수는 하나님을 아버지父로 해석한다. 하나님 이 아버지라면 인간은 그의 자녀가 된다.[61] 상기 기독교 윤리의 핵심인 두 계명은 예수로부터 출발되는 신약新約이라는 시대에 설해진 복음의 말씀이기에, 이러한 시대정신을 감안할 때 하나님은 '아버지'를 뜻한다. 따라서 하나님께서 아버지가 되시기에 인간은 당연히 자녀가 되며, 자녀인 인류는 하나님을 부모로 모시는 한 형제가 되므로, 형제와 같은 이웃을 사랑하라는 계명은 그 당위성을 확보한다.[62]

그런데 여기에서 한 가지 의문이 생긴다. 그것은 예수의 말씀을 통해 설파된 계명 속에는 오직 신과 인간에 대한 사랑만이 구체화되어 있을 뿐, 그 이외의 피조물에 대한 사랑의 당위성은 언급되지 않는다는 점 때문이다. 그 이유는 무엇일까? 7일간의 창조 이후 하나님께서 인간에게 주신 다음의 말씀을 보면 그 이유를 짐작할 수 있다.

> 하나님께서 가라사대,
> "우리의 형상을 따라, 우리의 모양대로, 우리가 사람을 만들고 그로 바다의 고기와 공중의 새와 육축과 온 땅과 땅에 기는 모든 것을 다스리게 하자"하시고, 하나님께서 자기 형상 곧 하나님의 형상대로 사람을 창조하시되…
>
> 하나님께서 그들에게 복을 주시며 그들에게 이르시되, "생육하고 번성하여 땅에 충만하라. 땅을 정복하라. 바다의 고기와 공중의 새와 땅에 움직이는 모든 생물을 다스리라" 하시니라.[63][64][65]

<창세기>의 내용은 하나님께서 창조하신 모든 피조물 가운데 인간존재만이 하나님의 특권적 지위를 부여받은 존재임을 암시한다. 하나님은 모든 피조물 가운데서 오직 인간만을 자신의 형상대로 만들고imago dei 특권적 지위를 부여한다. 따라서 인간은 창조의 궁극적 목적으로서 만물의 영장이 된다.

"생육하고 번성하여 땅에 충만하라. 땅을 정복하라. 바다의 고기와 공중의 새와 땅에 움직이는 모든 생물을 다스리라."는 소위 '3대 축복'이라 명명되는 축복의 말씀은 인간만이 신의 특권을 받았음을 의미하며, 이는 철저히 인간중심적 가치관을 반영하는 근거이기도 하다. 기독교적 세계관을 반영하는 <창세기>에서 이러한 인간중심적 가치관이 발견되는 것은 인간중심적 성향이 기독교 사상의 근간을 이루는 형이상학적 배경임을 암시한다.[66]

이러한 주장은 성경을 근간으로 하는 인간중심적 가치관―피조물과 인간과의 소유·지배관계―이 현대의 생태적 문제를 초래한 원천이라고 날카롭게 지적한 린 화이트Lynn White, jr., 1907~1987의[67] 질책과 반성에서 더욱 강한 설득력을 얻는다.[68] 린 화이트에 의하면, 위와 같은 가치관을 담고 있는 기독교의 창조신앙은 인간을 신적 초월에 참여한 존귀한 존재로 보는 반면, 여타의 "모든 물리적 창조물들은 단지 인간의 의도에 봉사할 뿐 다른 목적은 없다."고 못박는다. 그에 의하면, 이런 이유에서 기독교는 지구상에 나타난 종교들 가운데서 가장 인간중심적 경향을 내포하는 종교로 치부한다. 그리고 그는 이러한 인간중심적 가치관이 근대 서구의 자연과학 발달과 산업사회의 발전에 정신적 토대가 되었고, 그런 맥락에서 기독교가 생태 문제를 일으킨 주범일 수밖에 없다고 단정한다.[69] 독일의 신학자 드레버E. Drewernnann는 같은 맥락으로 위의 구절을 인용하면서 성경 어디에서도 인간중심적 가치관을 부정할 단서를 찾을 수 없다고 언급하기도 했다.[70]

이러한 내용을 감안했을 때, 기독교적 가치관이 인간중심주의에 그 뿌리를 두고 있음을 부정할 근거는 희박하다. 우리는 이제 기독교 윤리의 근간

자비의 윤리

이 되는 두 계명과 그 계명의 형이상학적 배경에 대해 명확하게 이해했다. 그것은 바로 인간중심주의. 인간이 모든 피조물의 중심에 있는 인간중심주의. 따라서 기독교 윤리의 범위 역시 서양윤리의 범위와 동일하게 인간존재에 국한된다.

지금까지 서양 윤리를 형성한 주류적 흐름인 철학(윤리)적 전통과 종교적 전통을 중심으로 '윤리'가 함축하는 대상의 범위에 대해 살펴보았다. 두 전통 모두 윤리의 범위를 인간 존재에 국한하고 있다는 것을 부정할 수 없는 공통된 결론이다. 자비의 범위처럼 인간존재 이상의 뭇 생명을 내포할 만한 그 어떤 근거도 발견할 수 없었다. 이것은 이미 '윤리倫理'와 'ethics'에 대한 어원적 분석을 할 때 예견된 결론일지 모른다. 이즈음 우리는 다음의 질문을 던져야만 한다.

'자비'와 '윤리'는 결합 가능한가?
즉 자비와 윤리를 더한 '자비의 윤리'라는 말은 성립하는가?

대답은 노No!
필자는 기존 윤리학의 담론 속에 형성된 윤리라는 말이 가지고 있는 범위에서 볼 때, 자비라는 말이 내포하는 의미가 다분히 오용될 여지가 있다고 생각한다. 따라서 '자비'와 '윤리'는 결합할 수 없는 이질적 개념이며, 두 용어는 함께 사용할 수 없다고 판단한다.

그러나 자비를 통한 윤리의 정초定礎라는 과업을 고려했을 때, 기존 윤리라는 개념을 버리고는 윤리학의 회로에 들어갈 수는 없기에 필자는 데리다Derrida의 탈脫형이상학의 방법적 전략, 즉 '지우면서 글쓰기'[71]를 활용하여 본 연구를 수행하고자 한다. 즉 기존의 '윤리'라는 기표記表를 차용하되 그

기의記義를 새롭게 규정하는,[72] 다시 말해 '윤리'라는 기표를 차용하되 그 의미를 '자비'가 내포하고 있는 범위에 포섭시키는 전략이다. '인간존재' 혹은 '일체유정'을 넘어 '뭇 생명'으로. 이러한 점에서 자비의 윤리는 기존 윤리학의 담론에서는 살펴볼 수 없었던 '새로운 윤리학'이다.

3. 새로운 윤리학으로서의 '자비의 윤리' _인간중심주의人間中心主義를 넘어

그렇다면 새로운 윤리학으로서 '자비의 윤리'가 지니는 가장 큰 의미는 무엇일까? 이는 앞서 수없이 지적하고 강조했듯이, 바로 철저한 인간중심주의人間中心主義에 뿌리 내리고 있는 서양윤리의 한계의 극복이다. 즉 인간중심주의를 넘어서는. 이는 윤리학에 있어서 근본적 패러다임paradigm의 전환이라 명명될 수 있을 것이다.

새로운 윤리학으로서의 '자비의 윤리'

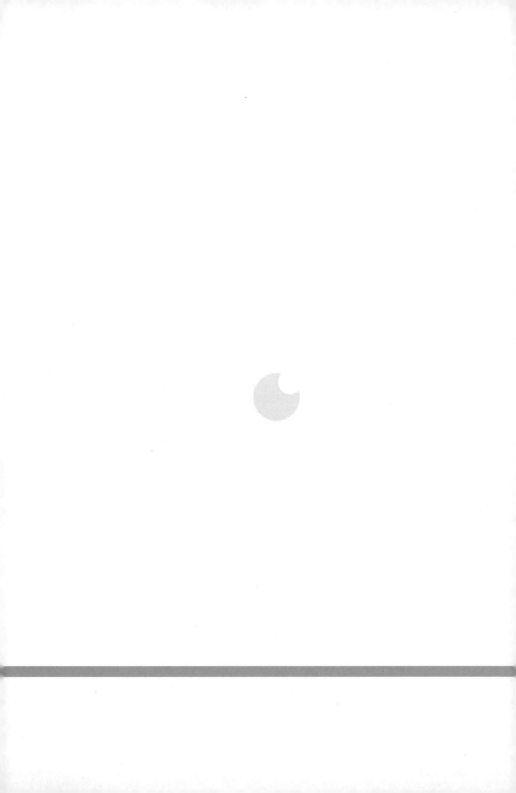

4
자비의 윤리의
해석에 관한 시론
정초성定礎性에 관하여

우리는 앞서 고찰한 내용을 통해 '자비의 윤리'가 내포하고 있는 독특한 관점에 대해서 대략적으로 이해할 수 있었다. 특히 자비의 윤리가 현대 윤리학의 주류에서는 찾아볼 수 없는 불교만의 독특한 관점과 정의, 그리고 범위를 내포한다는 점에서, '새로운 윤리학'이라는 명칭을 부여하는데 이견異見이 없으리라 생각된다. 그러나 이는 어디까지나 자비의 윤리에 대해 개괄적·개요적 고찰을 통해서 내린 잠정적 결론일 뿐이다.

자비의 윤리가 점차 단일지평을 향해 나아가는 지금의 세계에서 다른 지평들과 가로지르기 위해서는 새로운 윤리학으로서 확고한 정초와 통섭統攝을 바탕으로 한 더욱 심층적인 해석과 고찰이 필요할 것이다. 그래서 지금부터 필자는 자비의 윤리를 해석함에 있어 1차적으로 통시적通時的 관점에서, '자비'의 의미가 불교의 발전과정에서 시대에 따라 어떻게 변천되어갔는지 살펴보고, 그 토대 위에 공시적共時的 관점으로 다른 지평들의 이론과 비교함으로써 자비의 윤리에 대한 보다 깊은 이해를 도모하고자 한다.

그런데 앞서 고찰한 바와 같이, '자비'라는 개념과 '윤리'라는 개념이 내포하는 범위의 차이로 인해 두 개념을 병행하여 사용하기에는 어려움이 있다. 특히 '자비'의 개념은 '윤리'보다 더 큰 범위를 의미하므로 '자비의 윤리'라는 복합어를 사용하려면, 필연적으로 '윤리'는 '자비'가 내포하는 개념에 포섭될 수밖에 없다. 그렇기에 필자는 '자비의 윤리'가 새로운 윤리학으로서 재정립되어야 함을 언급한 것이다.

이러한 맥락을 바탕으로 본 장에서 필자는 자비의 윤리의 핵심인 '자비'를 중심으로 그 용어가 함축하고 있는 심층적 의미를 살펴보고자 한다. 불교의 시대적 변천과정에서 '자비'는 기표記表의 측면에서는 동일하게 전해졌지만, 기의記義라는 측면에서는 그 해석의 변화를 겪었다. '범부凡夫'의 자비와 '성자聖者'의 자비, 용심지도用心之道[4무량심無量心]로서의 자비와 성도成道의 과보果로 인해 얻어지는 자비 등 불교의 교학적 발전에 따라 그 의미 역시 변화를 거듭했다. 이에 따라 지금부터는 '자비'에 대한 정의, 범위, 그리고 그 의미의 변화 과정과 원인에 대해서 각 시대를 대표하는 문헌을 중심으로 통시적으로 살펴보기로 한다.

통시적 관점으로 바라본
자비의 윤리

1. 초기불교初期佛敎의 자비[73]

『아함경阿含經』에는 '대자大慈'라든가 '대비大悲'라는 표현이 산발적으로 보인다. 이러한 용어들은 대부분 불보살佛菩薩의 호칭 앞에서 이를 수식하는 의미로 쓰인다. 즉 "대비大悲하신 세존이시여"라든가 "대자대비大慈大悲하신 부처님"등의 형식으로 쓰일 뿐, 그 의미에 관해서 언급하는 대목은 발견되지 않는다. 『아함경』에서 자비에 관계된 설명은 '4무량심無量心'에 대한 교설에서 살펴볼 수 있다. 앞서 지적한 바와 같이 4무량심은 본래 불교 이외의 수행법에서 유래되었던 것으로 추정되며, 다른 수행의 보조수행으로써 선관禪觀이나 기타 제종諸宗의 실천수행을 하기 위한 기본적인 '용심지도用心之道'로써 이해되었다. 이에 4무량심이 초기불교 당시에 어떤 의미로 사용되었는지, 외도外道와 불교에서 말하는 4무량심이 어떠한 차이를 지니고 있는

지를 설명하는 대목이 있어 소개한다.[74)]

"사문 구담은 제자들을 위해 '5개蓋를 끊지 않으면, 마음으로 고뇌
하고, 지혜의 힘은 약해져서, 그것이 장애가 되어 열반으로 나아
가지 못한다. 그 마음을 잘 거두어 4념처念處에 머물며, 자심慈心을
갖추고 있으면 원한도 없고, 미움도 없으며, 또한 성냄도 없이, 넓
고 크고 한량없이 잘 닦아 4방方·4유四維·상하의 일체세간에 충만
할 것이다. 자심을 갖추고 있으면, 원한도 미움도 없고, 또한 성냄
도 없이, 넓고 크고 한량없이 잘 닦고 익혀 충만하게 되는 것처럼,
비심悲心·희심喜心·사심捨心을 닦아 익히는 것도 역시 이와 같다.'
라고 설하였다. 그러나 우리 역시 제자들을 위해 그와 같이 설하는
데, 우리들과 사문 구담과는 어떤 차이가 있는가? 모두 훌륭한 설
법이다."

그때 그 비구들은 외도外道 출가자들의 말을 듣고 마음이 불쾌하
였지만, 꾸짖지 않고 잠자코 자리에서 떠나왔다. 그들은 황침읍으
로 들어가 걸식을 마친 뒤, 정사로 돌아와 가사와 발우를 챙기고
발을 씻은 뒤에, 부처님께서 계신 곳으로 나아가 부처님 발에 머리
를 조아리고 한쪽에 물러나 앉았다. 그리고 외도 출가자들이 한 말
을 그대로 자세히 세존께 말씀드렸다. 그때 세존께서 모든 비구들
에게 말씀하셨다.
"예컨대 외도 출가자들이 [그렇게] 말했다면, 너희들은 '자심慈心
을 수습하면 무엇이 수승하며, 비심과 희심, 사심을 수습하면 무엇
이 수승한 것인가?'라고 물었어야 했다. 만약 이와 같이 물었다면,
그 외도 출가자들은 마음이 놀라 흩어졌을 것이고, 혹은 그 외의

다른 일들을 말하거나, 혹은 성내고 교만을 부리고 비방하고 미워하며 참지 못하는 마음이 생기거나, 혹은 잠자코 기가 죽어 머리를 숙인 채 할 말을 잃고 생각에 잠겼을 것이다. 왜 그런가? 나는 오직 여래와 성문들을 제외하고 모든 하늘·마魔·범梵·사문沙門·바라문婆羅門·천신天神·세인世人들 가운데 내가 말한 것을 듣고 기뻐하며 그대로 따르는 자를 보지 못했기 때문이다. 비구들이여! 자심慈心을 수반하여 많이 수습하면 청정함이 가장 수승하고, 비심을 수습하고 많이 수습하면 공입처空入處가 가장 수승하며, 희심을 수습하고 많이 수습하면 식입처識入處가 가장 수승하며, 사심을 수습하고 많이 수습하면 무소유입無所有入處가 가장 수승하느니라."

붓다께서 이 경을 말씀하시자, 모든 비구들은 붓다의 말씀을 듣고 기뻐하며 받들어 행하였다.[75]

『아함경』에는 4무량심이 자주 언급된다. 그런데 특이한 점은, 상기 경문에서 '외도'가 말하는 4무량심에 대한 설명을 『아함경』의 다른 대목에서는 석존이 똑같은 방식으로 설명하고 있다는 점이다. 그러나 4무량심 각각의 차별상差別相에 대해서는 위의 경문에서만 등장한다. 이는 기본적으로는 외도와 불교의 4무량심에 대한 견해는 같지만, 불교에서는 보다 세분화하고 있음을 알 수 있다.

"자심慈心을 갖추고 있으면 원한도 없고, 미움도 없으며…"라는 대목은 자심이 일체세간―切世間에 대해 충만해야함을 나타내며, "비심悲心·희심喜心·사심捨心을 닦아 익히는 것도 역시 이와 같다."라는 대목은 4무량심 각각이 동일한 의미와 비중을 지니고 있음을 의미한다.

그런데 석존이 4무량심의 차별상에 대해 설명하는 대목에서 등장하는 공입처空入處, 식입처識入處, 무소유입처無所有入處 등은 순서대로 무색계無色界의 4처處 가운데 비상비비상처非想非非想處를 제외한 나머지 3처를 나타내는 것으로, 이는 자慈로부터 시작하여 사捨에 이르기까지 그에 대응하는 선장의 깊이에 차등이 있음을 설하고 있다.

하지만 경문 상에는 무엇에 근거하여 그러한 경지가 나타나는지에 대한 설명은 없다. 따라서 『아함경』을 통해 유추할 수 있는 것은, 단지 4무량심 각각이 서로 다르다는 것만을 지적하는 수준에서 그친다는 것이다. 아울러 4무량심의 수행을 통해서 얻어지는 경계境界가 윤회하는 세계 안에 속하는 것이기 때문에, 후기 대승불교에서 보이는 성숙한 자비의 의미를 담아내지는 못하고 있다.[76] 그 이유는 무엇일까? 다시 말해 당시 기존 인도철학의 전통 속에서 새로운 패러다임으로 등장한 불교가 기존 외도들이 사용하던 4무량심으로서의 '자비'라는 용어를 사용했던 이유는 무엇일까?

필자의 판단에 따르면 그것은 아직 초기불교에서는 '자비'에 대해 근본적 관점에서의 해석이 이루어지지 않았기 때문으로 생각된다. 아비달마 abhidharma, 對法에서는 '아비달마'를 '불설佛說'로, '경전'을 '잡雜說설'로 명명한다. 왜냐하면 경전은 아직 정법正法에 들지 못한 초입자에게 선근善根을 심어주고, 정법에 들게 하기 위해 근기에 따라 대중적으로 설해진 것이기 때문이다.[77] 따라서 자연히 경전에는 본질적인 경[了義經]과 그렇지 못한 경[了義經]이 있다. 게다가 본질적인 경전 역시 그 자체가 깨달음은 아니기 때문에, 붓다의 참된 예지를 드러내기 위해서는 마땅히 어떤 표준적 근거에 의해 해석·정리되어야만 한다.[78] 그렇다면 잡설이 아닌 불설이며, 잡설인 경전 해석의 표준적 근거가 되는 체계는 무엇인가?

그것은 바로 세계 존재의 진실상眞實相을 통달하기 위해 설해졌다는 '법法에 대한 최초의 해석' 체계인 '아비달마'이다. 아비달마는 경전의 해석·정리의 필연성에 의해 일찍이 붓다 법문에 입각하여 "몰두하여 사유함[專精思惟]"으로 석존과 같은 참다운 이해를 획득하였던 성문 제자들이, 석존이 전하고자 하였던 근본 의도를 널리 알리고자 체계화한 것이다. 이러한 아비달마의 필연성은 다음 문구에 잘 나타나 있다.

> 생사대해를 떠돌게 하는 온갖 번뇌를 소멸할 만한 것으로 존재에 대한 간택[擇法]보다 더욱 뛰어난 방편은 없다. 이런 이유에서 붓다께서는 세간으로 하여금 존재에 대한 간택을 할 수 있도록 하고자 아비달마[對法]를 설하였다. 즉 아비달마를 설하지 않았다면, [그 어떤] 제자도 존재의 특징諸法相를 제대로 간택할 수 없다. 그래서 불세존께서 여러 곳에 설하신 아비달마를 대덕大德 가다연니자迦多衍尼子를 비롯한 여러 위대한 성문들이 결집하여 편찬하였던 것이다.[79)80)]

『아함경』이 설해진 초기불교에서는 아직 이러한 붓다의 교법敎法에 대한 해석이 이루어지지 않았다.[81)] 필자는 이러한 의미에서 앞서 초기불교에는 '자비'에 대한 근본적 관점에서의 해석이 이루어지지 않았고 언급한 바 있다. 따라서 『아함경』에서 설해지는 '자비'라는 용어가 외도의 자비와 기표記表와 기의記義의 측면에서 모두 동일하다는 점은, 경전이 다양한 중생의 근기에 맞추어져 설해진 잡설임을 고려했을 때, 그 의미가 명확해진다. 즉 불설의 입장에서는 '자비'에 대한 정의가 아직 확립되지 않았던 것이다―향후 살펴보겠지만, 『아함경』에는 아직 '방편方便의 자비'와 '구경究竟의 자비'에 대한 구분이 존재하지 않으며, 또한 『아함경』에 설해진 '자비'는 '방편의 자비' 즉, 수행의 방편에 국한된 범부의 자비를 의미한다―. 게다가 이미 당시 인도의 종파 사이에 사용되고 있던 '자비'라는 용어를 차용 → 불교식으로 재규정 → 정착하는 과정에서 외도의 '자비'와 혼동했을 가능성도 충분하다.[82] 이는 오늘날 불교만의 특수 술어라 생각되는 용어들이 대부분 역사적으로 이러한 변천의 과정 속에서 정착되었다는 것 역시 짐작할 수 있다. 따라서 필자는 석존에 의해 재규정된 '자비'가 외도의 그것과 기표적 측면에 있어서는 동일하지만, 석존의 근본의도를 고려한다면 기의적 측면에서는 그 의미가 상당히 다르다고 생각한다. 그러니 이러한 외도의 수행방편으로서의 자비가 아닌 석존의 근본의도가 함축된 참된 자비관慈悲觀이 드러나기 위해서는 아비달마를 기다려야 했다.[83]

2. 부파불교部派佛教의 자비

'자慈'와 '비悲'에 대한 『아함경』의 교설을 구체적으로 해석하는 대표적인 아비달마 문헌 가운데 하나는 『법온족론法蘊足論』이다. 『법온족론』은 부파불교의 최대부파 가운데 하나인 설일체유부說一切有部의 논장論藏에 속하며, 저술된 연대는 상좌부上座部 팔리Pāli 논장의 초기에서 중기에 해당하는 B.C.E 250~B.C.E 150년경으로 추정되며, 사리자Sāriputra에 의해 저술되었다고 한다. 따라서 『법온족론』은 시대적으로 초기부파불교의 문헌에 속한다 할 수 있다.[84]

소승불교의 수행법修行法은 개인의 정화淨化만을 목적으로 삼는다고 알려져 있다. 하지만 소승불교에서도 수행이 나아갈수록 필연적으로 자비심慈悲心이 나타나고, 자기 정화는 물론 대중大衆과 사회를 정화하지 않으면 안 된다는 의무를 강조한다. 『법온족론』에서는 이와 같은 내용을 담은 "자慈·비悲"사상이 4무량정無量定의 교설 내에서 자리잡아가는 과정을 잘 보여준다. 먼저 『법온족론』에서 '자'와 '비'를 어떻게 정의하고 있는지 살펴보겠다.

> 무엇을 '자慈'라 하는가?
> 어느 한 사람이 생각하기를 '원컨대, 모든 유정有情들은 모두 뛰어난 즐거움을 얻게 하소서'라고 하는 것이다.[85]
>
> 무엇을 '비悲'라 하는가?
> 어떤 사람이 생각하기를 '원컨대, 모든 유정들도 모두 괴로움을 여의게 하소서'라고 하는 것이다.[86]

상기의 경문은 4무량심에 대한 석존의 말씀을 부연 설명하는 형식으로 기술되는데, 이는 『법온족론』이 『아함경』의 내용을 그대로 이어받으면서, '자'와 '비'에 대한 구체적인 설명을 시도하고 있음을 보여준다.

『법온족론』에 의하면 자심정慈心定을 닦는 사람은 모든 사람의 마음을 정화하여 자심慈心이 구족具足하도록 해야 하고, 정의로운 생각과 지각과 의욕이 충만하도록 해야 하며, 또한 선정禪定과 지혜智慧가 구비하도록 해주어야한다. 이러한 자심정慈心定은 두 가지로 나뉘어지는데 '협소자심정狹小慈心定'과 '무량자심정無量慈心定'이 그것이다. '협소자심정'은 협소한 생각으로 일가, 친척 그리고 친구와 아는 사람만을 위하여 자심慈心을 베푸는 선정으로, 이러한 선정은 협소한 공덕에 불과하지만 마음을 안주하고 평등하게 하며, 마음을 조복調伏받고 적정寂靜하게 하여 그 마음을 한결같이 유지해야 하는 것으로, '무량자심정'으로 나아가는 전前단계의 과정을 의미한다. 이에 비해 '무량자심정'은 마음을 조복받고, 모든 일에 따라 수순隨順하며 항상 고요한 마음을 유지하면서, '무량한 유정'들에게 한없는 즐거움을 얻게 하고자 함을 말한다. 즉 '무량자심정'은 일체유정 모두에게 평등한 마음을 한결같이 유지함으로, 일체유정 모두가 즐거움을 얻게 하는 데 그 목적이 있다.[87]

이상이 『법온족론』에 나타나 있는 '자慈'에 대한 설명이다. '자'에 대한 설명 다음에는 중생의 고통을 덜어주고자 하는 선정인 '비悲'에 대한 세부적인 설명이 나오는데, 이 또한 '협소비심정狹小悲心定'과 '무량비심정無量悲心定'으로 나누어 설명하며, 그 대의는 앞서 설명한 자심정의 내용과 동일하다.[88] 즉 '협소비심정'은 가까운 사람만을 위해 비심을 베푸는 선정을 의미하고, '무량비심정'은 일체유정 모두에게 비심을 베푸는 선정을 의미한다.

이상에서 대략적이지만 초기소승불교 문헌인 『법온족론』에 나타난 '자비'에 관해 살펴보았다. 의미에 있어서는 초기불교의 전통을 그대로 유지하고 있으나, 개념이 내포하는 범위에 있어서는 '협소~'와 '무량~'의 도식으로 새롭게 구분함으로써 각 개념의 범위를 보다 명확히 하려는 시도를 엿볼 수 있었다.[89] '협소~'는 나[我]와 동분同分에 있는 존재를, '무량~'은 나我와 동분에 있는 존재를 넘어 일체유정을 포함한다. 그런데 『법온족론』에서는 '협소'와 '무량'에 대한 범위와 개념에 대한 구분의 해석적 시도가 이루어지지지만, 어디까지나 깨달음을 얻기 위한 수행방편用心之道으로서의 4무량심에 한정될 뿐, 어떤 방법으로 '협소'에서 '무량'으로 나아갈 수 있는지에 대해서는 명확한 형이상학적 근거를 제시하지 못한다.

앞서 2장에서 언급하였듯이 '범부의 자비[狹小]'에서 '붓다의 대자비[無量]'로[90] 나아갈 때 그 적용 대상은 단순한 '타인'에서 '일체유정'으로 바뀐다. 붓다와 범부의 이러한 차이는 자신에 대한 집착의 유·무에 근거한 것으로, '자비'의 토대라고 할 수 있는 자타일여自他一如 정신의 유·무에 근거한다. 그런데 자타일여의 정신은 궁극적으로 깨달음, 곧 무분별지를 통해서 얻는 것으로, 이는 깨달음이라는 과정 뒤에 찾아오는 지혜에 기반한다. 그런데 앞서 자비에 있어서 '협소'와 '무량'에 관한 구분은 4무량심, 곧 깨달음의 과정인 수행방편 속에서 이루진다. 따라서 이는 자가당착적 견해로밖에 볼 수 없다. 깨달음 뒤에 획득되는 무량자비심, 곧 대자비를 깨달음을 위한 과정인 수행방편 속에서 구분하고 설명한다는 것은 여러모로 『법온족론』의 해석이 미진하다는 점을 보여준다. 그럼에도 불구하고 『법온족론』에서 자비를 '협소'와 '무량'으로 명확하게 구분한 것은 당시로서는 획기적 시도였으며, 특히 부파불교 시대의 문헌임에도 불구하고 대승적 내용을 담고, 특히 자비에 관한 논의의 틀을 만들었다는점에서 문헌사적 의의가 크다 할 것이다.

『법온족론』의 미진한 해석은 보다 체계적인 아비달마의 해석학적 토양을 기다려야 했다. 이후 아비달마 교학을 체계적으로 이해하는 데에 있어 가장 중요한 문헌 중의 하나로 바수반두Vasubandhu, 世親[91]의 『구사론俱舍論』이 있다. 『구사론』의 저작연대는 대략 A.D. 5세기경으로 추정되며, 설일체유부의 아비달마 논서 가운데 가장 핵심적인 논서이다. 바수반두는 논증에서 유부의 입장만을 고수한 것이 아니라 경량부經糧部의 학설에 의거하여 가끔씩 이를 비판하기도 한다.[92] 저자는 '이장위종理長爲宗', 즉 '이치에 부합하는 좋은 이론이면 유부의 학설이든 누구의 교설이든 종의宗義로 삼는다'는 개방적이고도 비평적인 태도를 반영하며, 이것이 이 논서의 특징이다.[93] 어쨌든 『구사론』은 대단한 명저로 평가되며, 아비달마 연구의 주류가 되고 있다.[94]

『구사론』의 자비에 대한 설명은 4무량심에 관련된 교설과 18불공불不共
佛法을 언급하는 대목에서 살펴볼 수 있다. 먼저 4무량심을 다루는 부분에
나오는 '자'와 '비'에 대한 설명을 통해 양자에 대한 『구사론』의 입장을 살
펴보자. 그 이후에 18불공불법에 나오는 '자비'에 대한 설명을 통해서 내용
적으로 어떤 발전을 이룩했는지 확인해 보기로 하겠다.

『구사론』에서는 4무량심을 성性·행상行相·수修 등의 세 가지 형식으로
분류해서 설명하고 있는데, 보다 깊은 이해를 위해 그 내용을 소개하면 다
음과 같다.

> 4무량 가운데 앞의 두 가지[자·비]의 본질은 바로 무진無瞋이다.
> 그러나 이치상으로 볼 때 '비'의 본질은 마땅히 불해不害라고 말해
> 야 할 것이다.[95]

이 대목은 4무량심을 지니고 있을 때의 심리상태를 말하는 대목이다. 즉
심리적인 상태를 성性으로 분류하여 '자'와 '비'를 수행할 때는 성내는 마음
이 없다는 것無瞋을 설명하는데, 이는 『구사론』에 이르러 새롭게 추가된 서
술형태이다. 다음으로는 행상行相[96]에 대해서 말하고 있는데, 이에 대해 소
개하면 다음과 같다.

> 이러한 4무량의 행상行相의 차별이란, '어떻게 해야 모든 유정류로
> 하여금 이러한 즐거움을 얻게 할 것인가', 이와 같이 사유함으로
> 써 자등지慈等至에 들어가게 되며, '어떻게 해야 모든 유정류로 하
> 여금 이러한 괴로움을 여의게 할 것인가', 이와 같이 사유함으로써
> 비등지悲等至에 들어가게 된다.[97]

이 대목에서는 앞서 소개한 『법온족론』에서 밝힌 4무량심의 정의와 일치하는 내용이 나타난다―'즐거움을 얻도록 하겠다'는 등의 마음이 집중되어 평등하게 보존된 삼매를 묘사하고 있는 것 등―. 이는 『구사론』 이전에 설해진 '자'와 '비'에 대한 교설을 『구사론』이 그대로 계승하고 있다는 사실을 보여준다. 이와 더불어 『구사론』은 가까운 사람들에게서부터 차츰 그 대상을 넓혀간다는 점진적인 형식을 취하고 있는데,[98] 그 대목을 소개하면 다음과 같다.

[그렇다면] 처음으로 그러한 업을 수습하는 단계에서는 어떻게 '자'를 닦는 것인가? 이를테면 먼저 자신이 향수하는 즐거움을 사유하고서, 혹은 붓다와 보살, 성문과 독각 등이 향수하는 쾌락에 대해 설하는 것을 듣고서 '모든 유정들이 이와 같은 쾌락을 향수하기를 원한다'고 생각해야 한다.' 만약 그에게 본래 번뇌가 증성하여 이와같이 평등하게 마음을 운용할 수 없는 자라고 한다면, 유정을 세 가지 품류―①친한 벗, ②처중[處中, 친한 벗도 원수도 아닌], ③원수―로 분류하고, 다시 친한 벗을 상·중·하의 세 품류로 나누고, 중품[=처중]은 오로지 한 가지, 원수는 상·중·하의 세 품류로 나누어 모두 일곱 가지 품류를 성취해야 한다. [그리고 이같이] 품류의 차별을 나눈 후 먼저 상품의 친한 벗에 대해 진실로 즐거움을 주려고 하는 승해勝解를 일으키며, 이러한 원이 성취되고 나면 중품과 하품의 친한 벗에 대해서도 역시 이와 같은 승해를 점차로 닦는다. 이같이 하여 세 품류의 친한 벗에 대한 평등심을 획득하고 나면, 다음으로 처중의 중품과 하·중·상품의 원수에 대해서도 역시 점차로 이와 같은 승해를 닦으니, 자주 닦은 힘에 의

해 상품의 원수에 대해서도 능히 즐거움을 주려고 하는 원을 일으켜 그것이 상품의 친한 벗에 대한 원과 평등하게 된다. 이 같은 승해를 닦아 더 이상 물러남이 없게 되면, 다음으로 소연을 점차 넓혀 나가면서 닦게 된다. 즉 그 같은 생각을 점차 한 동네, 한 나라, 한 방향, 일체의 세계로 옮겨 즐거움을 주려는 행상을 사유하여 편만하지 않음이 없게 될 때, 이를 자무량을 수습하는 것이 성취되어 [원만해졌다]고 한다. … 중략 … '비'와 '희'를 닦는 법도 이에 의거하여 알아야 할 것이다.[99]

이 대목에 이르러서야 『법온족론』에서 등장한 '협소'와 '무량' 가운데 '무량'이 수행의 과보로 이루어진 대자비가 아니라, 대자비를 향해 나아가는 과정속에 닦아야 할 수행방편임을 알게 해준다. 이는 상기에서 필자가 지적한 『법온족론』의 미진한 해석에 명확성을 더해준 부분이다.

계속해서 『구사론』에서는 18불공불법을 설명하는 부분에서 범부가 지니는 '자비[협소]'와 붓다가 지니는 '대자비[무량]'에 대한 명확하게 해석하려는 시도가 엿보이는데, 소개하면 다음과 같다.

모든 붓다께서 지니신 '대비大悲'에는 어떠한 상相의 차별이 있는가?

게송
: '대비'는 오직 세속지世俗智로서 자량資糧과 행상行相과 경계[境]와 평등과 상품上品으로 인해 '대'이며, 여덟 가지 이유로 인해 '비'와는 다르네.

논

: 여래의 '대비'는 세속지를 본질로 하니, 만약 그렇지 않다면 공유
共有의 법인 비悲 '공유共有의 비悲'¹⁰⁰⁾처럼 마찬가지로 능히 일체
의 유정을 소연으로 삼을 수 없을 것이며, 또한 역시 세 가지 괴
로움의 행상[=苦苦·行苦·壞苦]도 능히 지을 수 없을 것이다.¹⁰¹⁾

이 인용문에 이어 『구사론』에서는 '대비'와 '비'의 차이에 대해서 ①자성
自性, ②행상行相, ③소연所緣, ④소의지所依地, ⑤소의신所依身, ⑥증득證得,
⑦구제救濟, ⑧애민哀愍 등 여덟 가지 이유로 설명한다.¹⁰²⁾

그러나 이러한 세부적 설명보다, 상기 인용문이 '범부의 자비'와 '붓다의
대자비'에 대한 근본적 차이를 설명하고 있으므로, 여기에서는 상기 인용
문에 대해 보다 상세히 설명하고자 한다. 이유는 이 부분이 앞으로 필자가
전개해 나갈 견해의 키워드가 되기 때문이다.

우선 인용문에서 말하는 '세속지世俗智'는 현상계現像界·차별계差別界·생
사계生死界의 상대 세계를 아는 지혜를 의미한다. 그런데 '세속지'라고 하면
흔히 일반 범부들이 '세속에서 소유하고 있는 지혜'로 오해할 수도 있지만,
보다 정확하게 말하면 '세속지'는 '무분별지후득지無分別智後得智'이다. '무분
별지후득지'에 대해 알려면 유식학파唯識學派의 전반적인 교리에 대한 본격
적인 설명이 필요하지만 여기서는 논의 이해를 위한 범위에서 간략하게 설
명하기로 하자. '무분별지후득지無分別智後得智'는 말 그대로 '무분별지無分
別智의 획득 후 얻어지는 지혜後得智'를 말한다. 이는 유식학파의 3성설[변
계소집성遍計所執性, 의타기성依他起性, 원성실성圓成實性]과 밀접한데, 우선
'무분별지'는 '전의轉依'의 과정, 즉 '변계소집성遍計所執性에서 원성실성圓
成實性으로의 전환을 통해 획득되는 지혜'이다. 하지만 변계소집성에서 원

성실성으로의 전환이라고 했을 때, 이는 '의타기성依他起性인 존재를 의타기성으로 보는 것'을 의미한다. 물론 그 의타기성은 잡염의타기성雜染依他起性이 아닌 청정의타기성淸淨依他起性이다. 따라서 전의가 이루어져도, 전의가 이루어진 그 세계는 전혀 다른 차원의 새로운 세계가 아니라 역시 유식唯識의 세계, 의타기성의 세계라고 할 수 있다. 그러므로 무분별지에 그치는 것이 아니라 무분별지후득지로 나아가야 하는 것이다. 따라서 '무분별지'가 침묵·부동不動이라고 밖에 말할 수 없는, 완연히 상相을 여읜 깨달음의 지혜라면, '무분별지후득지'는 무분별지를 통해 번뇌를 떠나있으면서도 윤회계輪廻界에 머물러 고통을 받고 있는 중생으로 하여금 그 고통으로부터 벗어나게 하는 지혜의 전반을 의미한다고 할 수 있다. 따라서 무분별지후득지, 즉 세속지는 당연히 근본지인 무분별지를 얻은 뒤에 성취하는 것이라고 할 수 있다.[103]

이것이 바로 대자비의 세속지로서의 특징을 밝힘으로써, 일반 범부들이 구유한 자비와 붓다 등의 성자들만의 공덕인 대자비의 차이점을 밝힌 상기 인용문이 의미하는 내용이다. 따라서 대자비를 성취하기 위해서는 전의의 과정, 곧 무분별지를 얻어 깨달음을 성취해야 한다. 그렇게 해야만 무분별지를 통해 궁극적 자비의 토대인 자타일여의 정신과 중생들에 대한 자비를 가능케 하는 지혜, 무분별지후득지를 획득할 수 있기 때문이다.

이즈음해서 우리는 4무량심의 '범부의 자비'와 '붓다의 대자비'의 차이, 그 의미에 대한 명확한 이해가 필요하다. 그 차이가 지금까지 살펴본 자비관과 앞으로 살펴볼 자비관의 의미가 변천해온 과정을 설명할 가장 결정적 단서이기 때문이다. 그렇다면 『법온족론』에서 대두되어 『구사론』에서 원숙한 의미로 정착한 4무량심의 자비와 '붓다의 대자비'는 어떠한 상관관계가 있을까. 그리고 그러한 구분이 생긴 원인은 무엇일까?

이 연관성을 고찰하기 위해서는, 가장 먼저 '자비'가 어떠한 과정을 통해 생성된 용어인지 이해할 필요가 있다. 이에 대해서는 후에 보다 심층적이고 입체적인 설명을 하기로 하며[104], 여기에서는 이해를 위한 간략한 설명으로 대신한다.

요지는 석존의 삶 속에 내재되어 있는 두 과정, '내증內證'과 '내증의 외증화外證化', 다시 말해 자리自利 중심의 '깨달음'과 이타利他 중심의 '중생교화' 과정 가운데 자비가 생성證得된 것은 어느 쪽인지를 살피는 것이다. 결론부터 말하자면, 자비는 '깨달음內證'의 과정에서 생성되었으며, 이러한 자비의 정신에 의해 중생교화外證化가 이루어졌다. 자비의 궁극적인 정신은 자타일여自他一如에 있다. 이는 자신自과 타자他를 구분하지 않는 무분별지에 의해 가능한 것으로, '깨달음'을 통해서만 가능하다. 따라서 참다운 자비는 철저히 깨달음을 통해서만 생성된다. 그러나 이는 어디까지나 붓다가 가진 '자비'라는 공덕의 생성 기원에 관한 것이다. '중생교화'의 과정으로 일체중생을 전도할 때에는, 이상적 인간상인 붓다가 지닌 자비에 대한 찬탄과 동경으로 일체중생들을 깨달음의 길로 인도하며, 깨달음을 위한 수행방편으로 자비를 설명한다. 예컨대 무술에서 '겨루기'는 상대가 있다는 전제하여 이루어진다. 그리고 겨루기를 위해서 '품새'라는 정형화된 형식을 배우는 것이다. '품새'는 '겨루기'를 위한 훈련의 과정이 된다. 그러니 중생교화는 겨루기, 자비는 품새가 되는 셈이다.

석존이 독각獨覺이 아닌 '붓다'일 수 있었던 궁극적 이유는 자비를 바탕으로 행한 중생교화에 있었다. 그리고 일체중생들을 이러한 이상적 인간상인 붓다가 되기 위한 깨달음의 과정으로 나아가게 하기 위해 '대자비'의 수행방편으로서 '자비[4무량심]'를 제시하는 것은 너무도 당연한 과정이다. 다시 말해 4무량심의 자비는 바로 깨달음을 통해 얻은 석존의 대자비를 체계화시킨 수행방편이었다. 이러한 근본적 관점의 이해 없이는 자비와 대자비의 의미를 명확하게 이해할 수 없으며, 시대에 따라 달라져온 자비관의 의미와 그 원인을 이해할 수 없다.

결국 자비관의 의미 변화는 변증의 과정을 통해 발명된 담론이 아니라, 석존의 '내증'과 '내증의 외증화' 과정 속에서 자비의 생성과정에 대한 베일을 벗겨내는 시도였을 것이다. 다시 말해 철저히 석존의 삶으로의 회향과 그 회향에 기반한 치열한 전정사유專精思惟. 몰두하여 사유의 결과라 생각된다.[105]

지금까지 부파불교 시대의 자비관에 대해『법온족론』과 부파불교 시대의 대표적 논서인『구사론』을 중심으로 살펴보았다. 특히『구사론』에서는 석존의 근본의도를 해석하기 위해, 최초로 범부의 자비와 붓다의 대자비에 대한 명확한 해석적 규정을 시도했다. 이를 통해 붓다의 대자비가 다른 수행을 위한 보조적 성격에서 벗어나, 붓다만의 공덕으로 온전히 정립되게 되었다. 그리고 이러한 해석의 정립은 대승불교에도 일정 부분을 영향을 주게 된다.

3. 대승불교大乘佛敎의 자비

'붓다의 근본정신으로 돌아가자'라는 구호아래 시작된 신新불교 운동 대승大乘은, 기존불교 내 주류적 흐름이었던 부파불교를 '소승'이라 폄하하면서 소승에 대한 비판과 극복이라는 뚜렷한 목표를 내걸고 자신들의 운동을 전개해나갔다. 대승 운동의 출발이 소승에 대한 비판과 극복이었다는 것에 학계에 이견은 없지만, 대승불교가 어떻게 성립하고 등장했는지에 대해서는 아직 정설이 없다. 그 이유는 대승불교가 어느 특정한 시기와 한 장소에서 일제히 일어난 운동이 아니라, 오랫동안 여기저기서 일어난 다양한 운동이 서로 뒤섞이며 점진적으로 완성되어간 복합적 운동이었기 때문이다. 또 한 가지 직접적 이유는 대승 교단의 시원에 관해 알려주는 자료가 전무하다는 데 있다.[106] 따라서 대승이 소승과 같은 바탕에서 발생한 운동이라 보기는 힘들지만, 적어도 그들의 정체성을 소승에 대한 비판과 극복이라는 목표 속에서 확보하였다는 점을 감안할 때, 대승의 목표가 붓다의 근본정신의 재해석이었다는 데에는 이견이 없다. 그렇다면 대승이 추구하고자 했던 '붓다의 근본정신의 재해석'이란 구체적으로 무엇을 뜻하는가? 대승의 수많은 사상적 갈래를 고려할 때 '~은 ~이다'라는 사전식 기술로 정의내리기는 어렵지만, 모두가 공감하는 공통된 특징은 대승이 반야경의 공空사상을 전제로 모든 법의 실체적 자성을 부정했으며, 일체무자성一切無自性을 주장하며 등장했다는 사실이다.[107] 이러한 그들의 주장에는 세간적인 존재는 물론 그 배후의 궁극적 구성요소라고 믿어왔던 다르마들에 대한 부정까지 함축하고 있어, 수세기 동안 부파불교가 구축해 놓았던 제법체계를 전면적으로 부정하는 혁신적인 것이었다.

我空法有

'아我의 공空함은 드러냈지만 그 아我를 구성하고 있는
궁극적 구성요소인 법法의 공空함은 드러내지 못했다'

소승의 꼬리표와 함께 부파불교 제법체계에게 붙여준 상기의 명제는 부파불교, 그 가운데 특히 제법의 3세실유를 주장하는 유부의 실재론적 법체계를 비판하는 대승의 입장을 보여준다. 대승불교의 어머니 나가르주나 Nāgarjuna, 龍樹는 아공我空 뿐만 아니라 법공法空까지도 포함한 '무상개공無相皆空'을 주장함으로 '연기緣起=공성空性=중도中道'의 가르침을 회복할 것을 촉구했다. 그는 세속유世俗有 뿐만 아니라 세속유를 구성하고 있는 기본요소로 유부가 상정하는 승의유勝義有까지도 부정하며 언어 내지 논리분석을 통해 법공의 이론적 토대를 마련하고 있다. 이러한 2공空의 사상은 악취공惡趣空에 빠진 중관학파를 비판하고, 새로운 이론적 가능성을 개진하고자 했던 유식학파에 의해서도 계승된다.

이러한 대승불교의 자비관은 초기대승경전으로 보이는 『대지도론大智度論』에 잘 반영되어있다. 불전에 의하면 『대지도론』[108]은 나가르주나의 저작으로, 『대품반야경』에 대한 주석서이다. 이 논서에는 『대품반야경』뿐만 아니라 불교의 거의 모든 분야에 대한 해석이 광범위하게 수록되어 있어 초기대승불교의 교리를 전하는 문헌으로서 높은 가치를 지닌다. 특히 자비관에 있어서도 이전 시대의 설명을 그대로 계승하면서, 의미를 발전시키는 형식을 취하고 있다.

『대지도론』에 있어 자비에 대한 설명은 먼저 '대자대비大慈大悲'의 뜻을 밝히면서 시작된다.

> '대자대비大慈大悲'라 함은 4무량심無量心 가운데서 이미 분별했지만 지금 다시 간략히 설명하겠다. '대자大慈'는 일체 중생에게 즐거움을 주는 것이고, '대비大悲'는 일체 중생의 괴로움을 없애 주는 것이다. '대자'는 기쁘고 즐거운 인연을 일체중생에게 주는 것이고, '대

비'는 괴로움을 여의는 인연을 [일체] 중생에게 주는 것이다.[109]

　상기의 문구는 『법온족론』이래 '소자소비小慈小悲'와 엄격히 구분하여 쓰고 있는 '대자대비大慈大悲'에 대한 전통을 유지하고 있음을 보여준다. 하지만 문구는 몇몇 오해할 만한 소지를 내포하고 있다. 이미 필자가 여러 번 강조해서 언급하였듯이 수행방편[用心之道]으로서의 자비[4무량심], 즉 '범부의 자비'와 붓다께서 성도하신 후 과보로 얻은 대자비, 즉 '붓다의 자비'와의 차이에 관한 것이다. 그런데 이어지는 다음의 설명은 이러한 오해에 대한 염려를 말끔하게 해소해준다.

> 문
> : '대자대비'는 이와 같다고 하고, 그렇다면 어떤 것이 '소자소비小慈小悲'인가? 이 '소小'로 인하여 대大라는 명명하지 않는 것인가?
>
> 답
> : 4무량심 안에서의 '자비'는 '소'라 하며, 여기 18불공법 다음에 설명하는 '대자비'를 '대'라 명명한다. 또 모든 붓다의 마음속의 '자비'를 '대'라 하고, 그 밖의 사람들의 마음속의 '자비'는 '소'라 한다.
>
> 문
> : 만일 그렇다면 무엇 때문에 '보살이 대자대비를 행한다'고 하는가?
>
> 답
> : 보살의 '대자'라 함은 붓다보다는 작지만 2승乘보다는 크기 때문에, 이것을 임시로 '대'라 하는 명명한 것이니, 붓다의 '대자대비'가 진실로 가장 크다.[110]

자비의 윤리

4무량심 가운데 있는 자비慈悲를 '소小'라고 규정하고 궁극적으로 붓다의 자비만을 '대자대비'로 정의하는 『대지도론』의 자비관은, 수행방편으로서의 자비와 붓다의 과보로서의 자비를 명확하게 구분한다. 특히 『대지도론』에서는 기존의 『구사론』에서 볼 수 없었던 보다 발전된 형태의 자비관을 제시한다.

『구사론』에서 '대자비'에 관한 언급은 대자비를 오직 붓다에게만 한정하는 것이 그 특징이다. 『대지도론』은 『구사론』과 일견 비슷한 내용으로 설명하는 듯 하지만 2승과 보살이 갖는 자비를 구분하여, 임시적 명칭假名으로 보살은 2승에 대해서는 대자대비를 지닌다고 인정한 점에서 『구사론』의 설명보다 더 발전된 형식을 띄고 있다. 물론 궁극적 관점에서 '대자비'는 오직 붓다만이 구유하고 있는 공덕功德이다.

『대지도론』의 이러한 설명은 대승운동의 핵심인 보살사상菩薩思想과 결합하면서 불도佛道의 근본으로 설명되기에 이른다. 이는 개인적인 해탈을 목적으로 하는 소승의 테두리에서 벗어나 일체중생을 성불에 이르게 하고자 하는 대승불교의 목적 논리에 의해서 가능해졌다.

> 문
> : 만약 그렇다면 무엇 때문에 '자비慈悲'만을 '대大'라고 하는 것인가?
>
> 답
> : 자비는 바로 불도佛道의 근본이다. 왜 그런가하면, 보살은 중생의 생로병사의 괴로움과 몸과 마음의 괴로움과 이 세상이나 이 이후의 세상에서 받을 괴로움 등 모든 괴로움에 시달리는 것을 보면 큰 자비심을 내어서 이러한 괴로움에서 구제해

주기 때문이다. 그런 뒤에 발심發心하여 아뇩다라삼먁삼보리 anuttarāsamyaksaṃbodhi를 구하고, 또한 대자대비의 힘으로써 한 량없는 아승기 세상에서 나고 죽고 하는 동안에도 싫증내는 마음이 없으며 대자비의 힘 때문에 오래전에 열반을 얻었어야 했음에도 증득을 취하지 않는다. 이 때문에 모든 붓다의 법 가운데에서 자비를 크다하는 것이다. 만일 대자대비가 없었다면 일찍이 열반에 들었을 것이다. 또, 붓다께서 도를 얻었을 때에 한량없고 심히 깊은 선정과 해탈과 모든 삼매를 성취하여 청정한 즐거움이 생겼는데도 이를 버리고 누리지 않으면서 마을이나 성읍으로 들어가 갖가지 비유와 인연으로 설법하고, 그 신身을 변화하여 한량없는 음성으로 온갖 중생을 맞이하고 모든 중생들의 욕설과 비방을 참아내며, 나아가 스스로 음악을 울리기도 하나니, 이것은 모두 대자대비의 힘이다. 또, 대자대비에서 대大라는 이름은 부처님께서 지은 것이 아니고 중생들이 이름붙인 것이다. 비유하건대 사자는 큰 힘을 지녔지만 스스로 힘이 크다고 하지 않고 [여타의] 짐승들이 이름을 붙인 것과 같다.[111)112)]

상기 인용문의 특징은 무상정등정각無上正等正覺, anuttarāsamya ksaṃbodhi에 이르고자 하는 계기로써 대자비를 언급하고 있다는 것이다. 그런데 여기에서 '대'의 의미는, 앞에서 설명한 『대지도론』의 해석과 같이 '붓다의 자비'를 '범부의 자비'와 구분하기 위해서 붙여진 '대', 즉 붓다의 '대자비'가 아니라, 보살이 가진 자비의 임시명칭假名으로 명명한 '대자비' 임을 유념해야 한다. 왜냐하면 이하에서 서술할 붓다의 대자비가 유루有漏 인지 무루無漏인지에 대한 경문을 통해서 확인할 수 있기 때문이다.

일부 연구자들은 이러한 위 경문을 명확하게 이해하지 못하여 인용문에서 언급한 대자비大慈悲를 붓다의 대자비로 오해하기도 한다. 그러나 그렇게 해석하면 "그런 연후에 발심하여 '아뇩다라삼먁삼보리'를 구한다."라는 구절은 『법온족론』과 같이 『대지도론』 역시 자체의 오류를 포함한다는 오해가 생긴다. 따라서 상기의 '대자비'는 보살의 임시명칭假名으로서 '대자비', 곧 보살과 2승의 '자비'의 차이를 설명함에 있어서 보살은 2승과 달리 자신만의 수행을 위함이 아닌 모든 중생을 구제하겠다는 원대한 서원誓願을 세우고 아뇩다라삼먁삼보리를 구한다는 것을 강조하기 위해 '대大'자로 명명한 것임을 기억해야 한다. 어쨌든 상기 경문은 이상적 인간상으로 대두된 대승불교의 특색을 잘 반영해준다.

> "또한 대자대비의 힘으로써 한량없는 아승기 세상에서 나고 죽고 하는 동안에도 싫증내는 마음이 없으며 대자비의 힘 때문에 오래 전에 열반을 얻었어야 했는데도 증득證得을 취하지 않는다. 이 때문에 모든 붓다의 법 가운데에서 자비를 크다 하는 것이다. 만일 대자대비가 없었다면 일찍이 열반에 들었을 것이다."

라고 한 대목은 '무주처열반無住處涅槃. aprasthitanarāṇa'을 강조하는 대승불교의 특색을 잘 나타낸다. 이렇듯 '대자비'를 매개로 해서 무주처열반의 내용을 설명해 나가고 있는 이 대목은 '대자비'의 원숙한 의미를 드러내고 있다.

대자비의 의미에 관한 『대지도론』의 설명 중에는 다른 문헌에서 볼 수 없었던 새로운 내용이 등장한다. 그것은 '대지혜大智慧'와 '대자비大慈悲'를 구분하는 내용이다.

> 또, 이 '대자대비'는 일체중생이 사랑하고 즐기는 바이다. 마치 달

콤한 약은 사람들이 먹기 좋아하는 것과 같다. 하지만 '지혜'는 마치 쓴 약을 먹는 것과 같아서 사람들이 대부분 좋아하지 않는다. 사람들이 대개 좋아하기 때문에 '자비'를 일컬어서 '대'라고 한다. 또, '지혜'라 하면 도를 얻은 사람이라야 비로소 믿고 받을 수 있지만, '대자비'의 상相은 온갖 무리들도 모두 믿음을 내게 된다. 마치 형상을 보거나 말소리를 듣고는 모두 믿고 받을 수 있는 것과 같다. 요익됨이 많기 때문에 '대자대비'라 하는 것이다. 또, '큰 지혜[大智慧]'는 버림의 모양[捨相]과 멀리 여읨의 모양[遠離相]이라 하고, '대자대비大慈大悲'는 가엾이 여기면서 이익되게 하는 상[憐愍利益相]이라 한다. 이 가엾이 여기고 이익되게 하는 법은 온갖 중생들이 좋아하는 바이니, 이 때문에 '대大'라고 한다.[113)]

위의 경문을 보면 '대지혜'와 '대자비'를 명확히 구분하고, '대지혜'보다 오히려 '대자대비'가 더욱 중요한 개념인 듯한 인상마저 준다. 붓다의 근본이며, 불교 깨달음의 본질인 지혜보다, 일체중생을 향한 대자대비를 더욱 중요하게 다루는 듯한 뉘앙스가 느껴진다. 이는 아마도 중생구제衆生救濟를 최대의 목적으로 삼는 대승불교의 특징 때문일 것이다. 앞서도 지적했듯 석존의 깨달음智慧과 중생교화慈悲의 과정 가운데 대승은 '큰 수레'라는 그 명칭처럼 중생교화에 보다 강조점을 두고 있기에 인용문에서 보듯 "쓴 약을 먹는 것과 같아 사람들이 대부분 좋아하지 않고", "도를 얻은 사람이라야 비로소 믿고 받을 수 있는" '지혜'보다는 일체유정에게 이롭고 모두에게 믿음을 주는 대자대비에 강조점을 두었다고 생각된다. 상기 경문은 이러한 대승의 특징을 함축한 표현이라 생각된다.

『대지도론』에는 계속해서 '대자대비'가 유루有漏. sāsrava인지 무루無漏.

anāsrava인지에 대한 설명이 나온다. 일반적으로 세속적인 욕심과 번뇌가 남아있는 행위를 '유루', 세속적인 욕심과 번뇌가 없는 행위를 '무루'라고 정의한다. 따라서 대자대비에 대한 논의는 그것을 행하는 주체가 어떠한 경지境地에 있는가를 밝혀준다. 세속적인 이기심과 집착이 남아있는 상태에서 '자비심'을 낸다면 이것을 '유루의 자비', 반대의 경우라면 '무루의 자비'라고 한다. 따라서 일반 중생들이 내는 '자비심'은 유루에, 반면 깨달음을 얻은 붓다의 '대자비심'은 무루에 속한다고 할 수 있다. 대자대비의 유루有漏·무루성無漏性에 대한 설명은 '소자소비小慈小悲'와 '대자대비大慈大悲'에 관한 논의를 다른 방식으로 규정한 것이기도 하여, 여기에 잠시 그 대목을 인용해본다.

> 문
> : 대자대비가 비록 그것이 불법佛法의 근본이라 하더라도, 이것은 유루有漏이다. 마치 진흙 속에서 연꽃이 핀다하여 그 진흙까지도 역시 묘하다고 말할 수 없는 것과 같다. 대자대비도 역시 이와 같아서 비록 그것이 불법의 근본이라 하더라도, 이것은 무루無漏는 아니어야 한다.
>
> 답
> : 보살로서 아직 붓다가 되지 않았을 때 대자비를 만약 유루라 한다면 그 과실을 인정하겠지만, 지금은 붓다로서 무애해탈無礙解脫의 지혜를 증득하셨기 때문에, 일체제법의 모든 것이 청정하며 일체번뇌와 습기가 다한 것이다. 성문이나 벽지불은 무애해탈의 지혜를 얻지 못했기 때문에 번뇌와 습기가 다하지 않았으며, 곳곳마다 의심이 다 끊어지지 않았기 때문에 마음은 유루이어야

한다. [그러나] 모든 붓다께는 이러한 일이 없다. 그러니 어찌 붓다의 대자비를 유루라고 할 수 있겠는가.[114]

무애해탈의 지혜를 얻은 붓다의 '대자비'는 무루법[無漏法]으로서 번뇌를 벗어났으며 수행도[用心之道]가 아니다. 따라서 '대자비'는 정확하게 말하면 성불을 통해서만이 진정한 실천이 가능한 것이다. 상기의 경문은 지금까지 통시적 관점으로 살펴본 '자비'와 '대자비'에 대한 구분의 필연성과 필자가 제시한 해석의 변천과정을 뒷받침하는 강력한 증거가 된다. 궁극적으로 '대자비'는 오직 붓다, 다시 말해 무애해탈의 지혜를 깨달은 존재에게만 부여되는 최상의 공덕功德이다. 그리고 위 경문을 통해서도 확인할 수 있듯 그 대자비는 유루가 아닌 무루이다.

지금까지 '자비의 윤리'의 해석을 통시적 관점을 중심으로 살펴보았다. 불교 발전과정에 있어 각각의 시대별로 대표되는 문헌을 통해, 단순한 어원적 분석과 사전적 설명만으로 이해했던 '자비'의 의미를 보다 심층적으로 이해할 수 있었다. 특히 시대에 따라 교학의 발전 정도, 그리고 강조점에 따라 '자비'라는 기의記義가 어떻게 변천되어 왔으며, 그리고 그 해석의 있어 초점은 무엇이었는지 면밀히 검토할 수 있었다.

결국 자비관慈悲觀의 변천은 석존에 의해 교설된 '자비'의 참된 의미記義를 밝히기 위한 해석학적 정초를 위한 노력의 결과물이라 할 수 있을 것이다.

범부의 자비
4무량심無量心의 자비 = 수행도用心之道로서의 자비 = 소자소비小慈小悲

붓다의 자비
증득의 과보果報로서의 자비 = 대자대비大慈大悲

필자는 '범부의 자비'와 '붓다의 자비' 등의 자비에 대한 두 가지 해석을 구분하여, 다음과 같이 '방편方便의 자비'와 '구경究竟의 자비'로 정의하고자 한다.

> **방편方便의 자비**
> 가족·친척·친구 등 그 대상이 가까운 사람에게 국한된 범부의 자비
>
> **구경究竟의 자비**
> 일체유정一切有情이 그 대상인 붓다의 자비

이러한 정의를 중심으로 이상에서 통시적 관점을 중심으로 살펴본 내용들을 도식화하면 다음과 같다.

	방편의 자비	구경의 자비
구분	범부凡夫 수행방편4無量心·用心之道	붓다佛 깨달음의 과보果報
대상	가족·친척·친구 등 가까운 사람	일체유정一切有情
『아함경』	'방편의 자비'와 '구경의 자비'에 대한 명확한 구분 없음	
『법온족론』	협소狹小, 무량無量의 구분은 있지만, 방편方便, 구경究竟인지에 대한 명확한 정의 없음	
『구사론』	소자소비小慈小悲	대자대비大慈大悲
『대지도론』	소자소비小慈小悲	대자대비大慈大悲

통시적 관점의 고찰을 통해 '자비'의 어원과 그 범위에 대해 심층적이고 입체적으로 이해할 수 있었다. 특히 자타일여自他一如의 정신에 기반을 둔

'자비'가 궁극적으로는 '방편의 자비'가 아닌 '구경의 자비'임을 알게된 것은 매우 큰 소득이다. 왜냐하면 이 구분과 정의는 다음 장에서 살펴볼 '자비'와 외형상 유사한 의미를 가지며 '사랑'이라는 기표記表를 강조하는 기독교나 서양철학과 불교지평의 구분을 가능케 해주기 때문이다. 뿐만아니라 지금까지 했던 통시적 관점의 고찰은 일반적으로 불교를 단일지평이라 여겼던 선입견을 없애고, 여러 논서들의 해석적 변천과정으로 설명하여, 불교 교리에 대한 해석이 완료형이 아니라 진행형이라는 사실을 알게 해주었다. 이는 적어도 필자에게는 새로운 해석을 시도할 수 있는 큰 용기를 주었다. 왜냐하면 이는 앞서 제시한 '자비의 범위'에 대한 필자의 새로운 해석의 시도, 그리고 지금부터 필자의 의견으로 서술할 공시적共時的 관점을 중심으로 한 '자비의 윤리'에 대해 해석적 근거와 토대를 제공해주기 때문이다.

'자비에 대한 붓다의 근본 의도는 무엇일까?'라는 화두話頭 속에 끊임없이 몰두하여 사유[專精思惟]함으로써 외형상으로는 변증의 과정처럼 발전해온 자비관의 변천과정은, 결국 붓다의 의도를 근본적인 관점에서 해석하려 했던 노력의 결과물이었다. 다시 말해 자비관 해석의 변천과정은 흔히 서양철학에서 말하는 담론의 영역이 아니었다. 기존의 해석을 부정하고 그 부정으로부터 자신의 해석이 정당함을 주장하는 이론적 유희가 아니었다.

붓다의 깨달음과 그 깨달음에 기반한 중생교화를 위해, 붓다의 근본 의도와 그 정신에 대해 끊임없이 묻고 깨달으며 회향廻向을 지향하는 불교의 독특한 실존적·실천적 영역이었다. 이것은 '석존'에게로의 회향을 강조한 불교라는 독특한 토양이 만들어낸 위대한 공통유산이라 생각된다.

따라서 이러한 정신과 관점에 대한 이해 없이 단순히 문헌적 접근으로 자비관에 대해 통시적 고찰을 한다면 이미 그 자체로 심각한 해석적 오류를 내포하게 된다. 앞으로 불법, 불도의 가장 중심된 사상, 불교의 전칭명사全稱名辭라 할 수 있는 '자비'에 대한 보다 심오한 불교적 해석을 기대하며 본장을 마치고자 한다.

공시적 관점으로 바라본 자비의 윤리

서양철학의 선[115] · 기독교의 사랑[116] · 불교의 자비
비교와 연구

지금까지 통시적通時的 방법으로 불교의 발전과정에서 변천되어온 '자비의 윤리'에 대해서 살펴보았다. 지금부터는 이 내용을 바탕으로 공시적共時的 방법을 통해 서양 윤리의 중요한 토대가 되었던 헬레니즘과 헤브라이즘 전통의 비교 연구를 진행하고자 한다.

비교를 위해서는 각 철학과 그 전통에 대한 깊은 지식을 전제되어야 할 것이다. 그렇지 않으면 이러한 비교가 발전적인 방향으로 나아가지 못하고 혹여 어느 한쪽의 우월성을 자랑하는 교권수호적教權守護的 결론을 도출하거나, 단순히 두 체계의 유사성과 차이성만 나열하는 무미건조한 대비가 되어 오히려 혼란을 가져올 수 있기 때문이다.

따라서 두 지평의 생산적 대화를 위해 각자의 영역에서 전개되어온 문제의식과 의도를 비교하여 비판과 상호보완을 도출하고, 풍부한 담론의 바탕을 마련해야 할 것이다. 이런 이유에서 필자는 각 지평에서 윤리의 토대가 된 서양철학의 '선善', 기독교의 '사랑', 그리고 불교의 '자비慈悲"를 중심으로 각자의 철학을 비교하려고 한다. 이를 통해 '자비의 윤리'가 함축하고 있는 의미를 보다 심층적·입체적으로 이해할 수 있도록 했다.

1. 선·사랑·자비의 대화를 위한 토대

① 대화를 위한 전제

첫 번째 전제: 모든 이해는 편견적이다.

> "모든 이해는 편견적이다."
> - 가다머

가다머Hans Georg Gadamer의 유명한 이 명제는 지금부터 본 장에서 필자가 전개해 나갈 논지와 견해를 함축적으로 표현하고 있다. 필자의 어리석은 의견일 수도 있지만, 각 지평들을 가로지르는 역동적 담론을 위한 새로운 시도라는 점에 의미를 두고 논의를 전개하고자 한다.

1920년대 신新문화운동을 이끌었던 소장학자 후스胡適는 "대담가설 소심구증大膽假說 小心求證 대담하게 가설을 세우고, 세심하게 그 증명을 구하라"이라는 명언을 남겼다. 이 명언의 의미처럼 대담한 가설을 세우고 치밀하게 입증하여, 본 시론이 각 지평의 생산적 대화에 작게라도 기여하기를 바란다. 특히 필자는 기존의 비교철학이나 비교종교학에서 수행했던 배타주의, 포괄주의, 다원주의 등의 방법론과 달리, 지평간에 연결의 가능성을 찾아 가설적 전제를 구축하고 그 가설적 전제를 토대로 지평간의 대화를 열어가는 장長을 만들고자 한다. 그리고 어설프게 개요를 정리하거나 성급하게 포괄적인 결론을 도출하기보다는 지평간의 공통점과 차이점을 명확히 하는 것, 그리고 그를 통해 지평의 핵심개념을 명확하게 이해하는 것을 목적으로 한다. 그렇다면 '선善'·'사랑love'·'자비慈悲'간 대화의 장을 열어줄 가능성의 골든키golden key를 어디에서 확보할 것인가? 필자는 그 골든키로 다음의 몇 가지 가설적 전제를 제시한다.

① 대부분의 이론은 그 이론을 형성하는 각기 고유의 형이상학적 배경을 전제한다.

② 서양철학의 선·기독교의 사랑·불교의 자비는 구조적 측면에서 유사한 형이상학적 배경을 공유하고 있다.

③ 그 형이상학적 배경은 '상승'과 '하강'이다.

그러나 이러한 가설적 전제의 타당성에 대한 검토와 확증 없이는 생산적 대화를 개진할 수 없으니 본격적인 대화에 앞서 이러한 전제의 타당성을 검토하기로 한다.

두 번째 전제: 대부분의 이론은 그 이론을 형성하는 각기 고유의 형이상학[117]적 배경을 전제한다

대부분의 이론적 정립 배경에는 반드시 형이상학meta-physics이라는 구조적 틀frame이 있다. 종교와 문화, 심지어 형이상학적 틀은 물론이고 그 개념 자체를 거부하는 과학science의 영역[118]에서도 실상 그 이론을 성립하

게 하는 형이상학적 틀이 존재하는 것은 포스트모더니즘post-modernism의 시대를 살아가고 있는 우리에게 더 이상 낯설지 않다.[119]

그렇다면 '형이상학'이라는 말은 과연 무엇을 의미하는가? 형이상학은 서양철학에서 시작된 독특한 개념과 용어로, 철학자마다 그 의미를 다르게 사용했다. 필자는 오늘날 통용되고 있는 '형이상학'이라는 개념이 본래의 의미에서 벗어나 오용[120]되었다고 보고, "본래의 형이상학으로의 복원"[121] 이라는 전제 아래 독특한 "철학적 사유함"을 주장한 하이데거의 '형이상학' 을 중심으로 이야기를 전개하고자 한다.

하이데거에게 있어 '형이상학'이란 한 마디로 '존재자를 규정짓는 존재 에 대한 물음'으로, 그에게 '형이상학'은 단순한 존재자에 대한 이해가 아 닌, 존재자를 이해하기 위한 '선험적인 틀', 혹은 존재자의 성격을 '규정하 는 틀'이다.[122] 그렇다면 학문이나 어떤 이론에 이 '형이상학'이라는 개념 을 적용한다면 어떻게 될까? '형이상학'은 학문이나 이론의 성립을 위한 선 험적인 틀이 되며, 이 틀을 통하여 해당 학문이나 이론이 규정된다. 그리고 동시에 본래적인 이해가 이루어진다. 이로써 우리는 대부분의 학문이나 이 론은 각기 고유의 형이상학적 배경을 전제로 하여 성립한다는 것을 알게 되었다.

그렇다면 서양철학의 '선', 기독교의 '사랑', 그리고 불교의 '자비' 간의 대 화의 가능성을 위해서는 어떤 형이상학적 배경이 필요할까?

세 번째 전제: 상승上昇과 하강下降의 형이상학적 배경

필자는 [상승·하강]을 형이상학적 배경으로 제시하고자 한다. 어원적으 로 '상승'은 '위로 올라감'을 의미한다. 그런데 여기에서 '위로'라는 말은 '~

로 부터', '~에서'의 '위로'를 의미하기에 어떤 일정한 기준으로부터의 '위로'라고 정의할 수 있다. 즉 '위로'는 단순한 방향이 아닌, '지금 여기'에 속해 있는 어떤 지평으로부터의 초월을 의미한다. 그리고 '올라감'이라는 의미에는 어떤 행위가 이미 전제되어있으며, 동시에 어떤 행위를 통한 일정한 결과도 포함되어 있다. '상승'에 해당하는 영어 표현 'ascend'를 보면 '오르다', '올라가다'는 의미와 함께 '(지위 등이) 높아지다'라는 뜻도 포함되어 있다. 따라서 '상승', '위로 올라감'은 '일정한 행위, 노력을 통해 지금 여기 속해 있는 지평을 초월하는 것, 그리고 그로부터 얻어진 결과'라고 정의할 수 있다. 그렇다면 '하강'의 의미는 어떻게 정의할 수 있을까?

'하강'이란 '~로 부터', '~에서' '아래로 내려옴'을 의미하기에 '상승', '위로 올라감'과 동일한 의미를 함축한다. 여기에서 필자는 '아래로 내려옴'이라고 했을 때 그 기준이 되는 '~로 부터', '~에서'의 위치를 지금 속해 있는 지평이 아닌 '상승'을 통해 획득된 위치, 혹은 목표로 정의하고자 한다. 필자가 말하는 하강은 '상승으로 획득한 위치로부터의 내려옴'이다.

이러한 어원적 분석을 통해 필자는 '상승'과 '하강'을 이렇게 정의한다. '상승'은 어떤 종교나 이론이 성립되는 지평 속에서 일정한 노력과 행위를 통하여 지향하는 목표로, '하강'은 '상승'이란 과정에서 획득된 목표를 '사회화' 혹은 '이타화'하는 것, 다시 말해 '나눔'의 의미[123]로 규정하고자 한다. 이러한 대략적 의미와 더불어 [상승·하강]의 형이상학적 배경에 다음과 같은 몇 가지 세부적 의미를 더 부여하고자 한다.

자비의 윤리

① '상승'에는 반드시 '지금 여기'로부터의 초월적 의미가 포함되어야 한다. 그리고 '지금 여기'는 우리가 일상적으로 살아가는 '지금 여기'를 의미하며, 부정적 의미를 가진다. 가령 불교의 윤회輪廻 혹은 생로병사의 고해苦海, 기독교의 타락으로 인한 타락세상地獄, 고대 희랍의 소마세마soma sema 등, '지금 여기'를 이와 같이 부정적으로 설정해야 '상승'의 당위적 요청이 가능하기 때문이다.

② '상승'을 전제하면 그 세부 내용에 있어서는 차이가 있을 수 있지만, 구조상 이분법적 구조를 가지게 된다—'지금 여기'와 '상승한 여기'—. 불교에서의 '무명無明-해탈解脫', '차안此岸-피안彼岸', '지옥地獄-극락極樂', 영지주의의 '암흑-그노시스gnois', 기독교의 '타락-천국' 혹은 '죽음-부활', 플라톤의 <동굴의 비유>에서 '동굴안-동굴밖', 장자의 정중지와井中之蛙 비유에서 '우물안-우물밖', 조로아스터와 마니교의 '빛-어둠' 등 이러한 이분법적 구조는 각 지평들에서 쉽게 확인할 수 있다.

③ '상승'은 자리自利, '하강'은 이타利他 중심적이다.

④ '하강'은 반드시 '상승'을 통해서만 성립한다.

⑤ '상승'을 완성한 이는 '하강'의 과정을 통하여 다른 이들에게 '상승'을 연결시켜주는 중간적 중재자가 된다.

이상으로 [상승·하강]의 대략적 의미를 살펴보았다. 지금부터는 이러한 [상승·하강]의 형이상학적 배경이 서양철학·기독교·불교라는 지평 속에 존재하는지, 그러한 구조적 해석이 가능한지를 검토하고자 한다. 그리고 그 가설이 확증되면, 선·사랑·자비에 대한 본격적인 대화를 시도하고자 한다.

② 서양철학 · 기독교 · 불교와 [상승 · 하강]의 형이상학적 배경

ⓐ 서양철학과 [상승·하강]의 형이상학적 배경

"모든 서양철학은 플라톤의 주석에 불과하다."[124]

– 화이트헤드

20세기 가장 독창적인 사상가로 꼽히는 화이트헤드의 이 말은 서양철학사의 발전을 단적으로 보여주는 명언이다. 이 문장에는 플라톤의 철학에서 서양철학의 모든 논쟁이 제기되고 논의되었으며, 서양철학의 학문적 이상이나 구조적 틀이 플라톤의 철학에 의해 결정되었다는 의미가 들어있다.[125] 물론 서양철학사 전체는 이토록 간단·명료하게 정의될 수 없는 복잡한 변증의 역사이지만, 그럼에도 학문적 이상이나 방법론, 그리고 철학의 구조적 얼개와 틀이 직간접적으로 플라톤의 결정적인 영향권에 있으므로 화이트헤드의 진단은 아주 명쾌하고 의미가 크다. 존재론, 인식론, 실천론 등 플라톤 철학이 서양철학사 전반에 남긴 영향은 실로 방대하지만, 여기서는 주로 플라톤의 학문적 이상理想에 초점을 맞추어 [상승·하강]의 형이상학적 배경이 존재하는지 고찰하고자 한다.

플라톤의 학문적 이상은 <동굴의 비유>에 잘 나타나 있다. <동굴의 비유>는 그의 저서인 『대화』 중 『국가Republic』 편의 제7장에 소크라테스와 글라우콘이라는 젊은 학도 사이에서 벌어지는 대화의 형식으로 등장한다.

우선 동굴에 갇혀있는 죄수들은 영원한 쇠사슬로 고정되어 있어 어두운 벽만 쳐다보는 자세로 있다. 그리고 그 어두운 벽면을 바라보고 있는 죄수들의 뒤를 가로지르는 통로가 있고 그 뒤에는 불이 타고 있어 다른 죄수들

자비의 윤리

이 이 통로를 지날 때마다 벽면에 그림자가 나타난다. 이들은 햇빛도 아닌 횃불 빛에 반사되는 그림자만 보고 그것이 사물의 실재라고 생각하고 살아 간다. 그러다 우연히 한 죄수[126]의 사슬이 풀리고, 그는 동굴 안에서 자신들이 참이라고 바라보았던 벽면의 그림자가 거짓임을 깨닫게 된다. 그리고 이 죄수는 동굴 밖으로 나가 햇빛이 비추는 실물세계를 바라보게 되고, 종국적으로 해 그 자체를 바라보고 모든 것을 깨닫는다. 그리고는 다시 예언자적인 사명을 가지고 다시 그 암흑의 동굴 속으로 들어와 죄수들에게 그들이 바라보는 세계는 모두 그림자의 그림자도 안 되는 형편없는 허위라고 역설하지만, 죄수들은 그의 말을 믿지 못하고, 나중에는 그들의 사슬을 풀고 동굴 밖으로 데리고 나가려 하는 그를 쳐 죽여버리는 결말로 끝이 난다.[127][128]

이러한 <동굴의 비유>를 통해 알 수 있는 플라톤의 학문적 이상은 무엇인가?

이를 알기 위해 우리는 우선 한 가지 사실에 주목해야 한다. 그것은 이 비유가 바로 올페우스교의 영향 속에서 탄생하였다는 것이다.[129][130] 기원적 6세기 경 올페우스교도들은 희랍에 들어와 영혼과 육체의 이원론, 소마 세마soma sema. 육체감옥설 영혼 윤회설 등을 전파했다. 그리고 피타고라스 학파[131]는 이러한 교설들을 신봉하여 수학과 철학이라는 학문을 영혼을 정화하는, 즉 인간 영혼을 구원하는 한 방법으로 채택한다. 이리하여 이 학파는 파르메니데스[132]와 더불어서 이론적 또는 논리적 학문이 단순히 학문으로서 그치지 않고 영혼, 즉 인간 구원의 길이라는 종교적 신화를 서양 세계에 심어 놓게 된다. 그리고 '수사학'이라는 날카로운 무기로 이러한 신화에 처음 대항한 것은 바로 소피스트들이었는데 그들의 파괴적인 변론술에 놀란 소크라테스는 철학적 문답법과 개념을 통해 다시 피타고라스 학파의

'학문에 의한 구원'이라는 신화를 회복하고자 노력했다. 그리고 그의 제자 플라톤은 이러한 학문적 이상을 보다 구체적이고 절대적인 교설로 확립하기 시작한다.[133] 따라서 플라톤에게 있어서도 학문은 영혼의 구원,[134] 다시 말해 영혼의 정화[135]를 위한 일종의 수행修行과도 같은 의미였다. 하지만 플라톤은 '영혼의 구원'이라고 전해내려오던 학문적 이상을 계승하면서도 한 걸음 더 나아가고자 했다. 바로 그의 스승 소크라테스의 삶을 통해서이다. 즉 그는 스승의 삶을 통해 학문이 자기 영혼만의 구원으로 끝나는 것이 아니라, 나의 구원을 통해 나와 보편적 동질을 공유하는 다른 이들의 영혼까지 구원하려는 계몽화啓蒙化, 이타화利他化를 학문적 이상에 포함시켰다. 이러한 플라톤의 학문적 이상을 상기하며 다시 <동굴의 비유>로 돌아가, 필자가 제시한 [상승·하강]의 형이상학적 배경의 동일성에 대하여 고찰해 보도록 하겠다.

<동굴의 비유>에 있어서 그 핵심은 바로 [동굴 밖]과 [동굴 안]이라는 이분법적 구도 속에서 이루어지는 상승과 하강의 과정이다. [동굴 밖]으로 나가는 과정과 다시 [동굴 안]으로 돌아오는 과정. 여기에 필자가 앞에서 제시한 [상승·하강]의 형이상학적 배경이 그대로 나타나 있다. 그러한 전제 아래 구체적으로 살펴보면, 우선 앞에서 말한 바와 같이 <동굴의 비유>에서는 우선 [동굴 밖]과 [동굴 안]이라는 이분법적 구도가 자리 잡고 있다. 그런데 여기에서 이분법적 구도는 상승을 통해 [동굴 밖]이라는 세계를 경험한 자만이 분별할 수 있는 것으로 [동굴 안]의 사슬에 묶여있는 죄수들에게는 없는 세계다. 다시 말해 [동굴 안]과 [동굴 밖]의 구분은 상승의 과정을 통해서만 얻을 수 있는 무엇이다. 상승의 과정을 통해 [동굴 밖]의 세상을 경험한 이에게는 [동굴 안]의 세계가 본래적인 것이 아니며, 초월해

야 할 대상이지만 상승의 과정을 경험하지 못한 [동굴 안]의 사슬에, 묶여 있는 죄수들에게는 [동굴 안]의 세계만이 본래적 세계이다. 따라서 상승의 과정이 없이는 본래적 세계에 대한 설명도, 그 초월의 방법도, 사슬에 묶여있는 [동굴 안] 죄수들에게 자유를 설명하는 것도 불가능하다. 플라톤에 있어 이러한 상승을 위한 방법은 바로 '학문'이었다. 이는 동굴[육체]에 갇힌 영혼의 자기 정화, 영혼의 자기 구원을 위한 수행이었다—그리고 [동굴 밖]으로 나가는 과정에서 죄수는 눈이 부셔 고통스러워하는데, 이는 아마도 진리를 위한, 자유를 위한 일종의 자기 인내적 수련의 과정이라 할 수 있다—. "플라톤에게 있어 철학은, 일종의 신격화를 목표로 하는 자기 도야의 길이며, 그것은 일종의 형이상학적인 길인 것이다. 그리고 이러한 형이상학적 길은 중세에까지 그대로, 심지어 근대철학에 있어서도—칸트까지—그대로 이어진다."[136] 그리고 이러한 과정은 자리自利와 이타利他 가운데 자리 중심적이다.

그러나 플라톤에게 있어 학문적 이상의 궁극적 완성은 상승에서 멈추는 것이 아니었다. 다시 말해 상승의 과정을 통하여 획득된 결과를 자신만 누리는 데 머무르지 않는다. 비유에서처럼 [동굴 밖]으로 나가 궁극적 햇빛까지 바라본 죄수는 그가 터득한 진리가 다른 죄수들에게 터무니없는 내용으로 내몰림을 당하고, 결국 자기가 죽임을 당할 것을 알면서도 위험을 무릅쓰고 다시 [동굴 안]으로 돌아가기로 결심한다.

이러한 하강의 기본적 토대는 바로 [동굴 안]의 세계에 속박되어 있는 다른 죄수들에 대한 사랑이다. 어쨌든 [동굴 안]으로 돌아온 죄수는 다른 죄수들을 가르치고 인도하려다 마침내 죽임을 당하는 것으로 끝이 난다.[137] 이 내용을 통해서 확인할 수 있듯, 하강은 상승의 과정 없이는 성립될 수 없다. 다시 말해 맹인이 맹인을 인도하지 못하는 것처럼, 하강 즉 '이타'의 과정은 상승, 즉 진리 체득이라는 '자리'의 과정 없이는 궁극적으로 이루어 질 수 없는 것이다. 따라서 플라톤에게 있어 학문의 이상은 바로 '자리'를 위한 상승의 과정을 통한 진리 체득, 그리고 이를 바탕으로 '이타'를 위한 하강의 과정을 통하여 완성되는 것이었다.

이제 앞서 설명한 내용을 통해 서양철학사에 결정적 영향을 미친 플라톤이 추구했던 학문적 이상에, 필자가 제시한 [상승·하강]의 형이상학적 배경이 존재함을 알게 되었다. 그리고 이러한 형이상학적 배경은 그의 학문적 이상뿐만 아니라 방법론에서도 기본적인 틀을 형성한다.[138] 특히 플라톤의 학문적 이상은 중세시대 기독철학을 통하여 더욱 강력한 힘을 발휘하며, 반反중세로 촉발된 근대철학의 완성이라고 할 수 있는 칸트kant에까지 부분적으로 답습된다.[139][140] 그러나 필자의 편견적 이해이겠지만 이러한 그의 학문적 이상은 후대에 내려오면서 점점 왜곡되었고, 계몽화, 이타화하강의 과정이 사라진 채 '자리'중심의 사변적 것으로만 머무르게 되었다.

ⓑ 기독교와 [상승·하강]의 형이상학적 배경

'기독교基督敎. Christianity'는 앞서 3장에서 살펴본 것처럼, 히브리어로 '메시아'를 의미하는 라틴어 역어인 '그리스도'를 음사한 것으로, '기름부은 자', 곧 '구세주救世主'를 의미하는 '기독基督'의 '가르침敎'에 의해 형성된 종교로, 유대 땅 나사렛에서 태어난 역사적 존재 '예수'라는 인물로부터 시작되었다. 이러한 기독교의 교리는 장구한 역사적 맥락과 전통 속에 그 풍부함이 오롯이 교리체계에 살아 숨 쉬고 있기에 그 체계 자체가 너무도 방대하다. 따라서 여기서는 『성경聖經』의 <제4복음서>와 '아가페agape · 에로스

eros', 그리고 '기독론基督論, christology'을 중심으로 '사랑'이라는 개념을 탄생시킨 기독교에 있어 [상승·하강]의 형이상학적 배경이 있는지에 대해서만 검토하도록 하겠다.

⊙ 『성경』의 <제4복음서>와 [상승·하강]의 형이상학적 배경

앞서 플라톤의 <동굴의 비유>에 나타난 [상승·하강]의 과정이 예수의 자기 이해, 특히 『신약성서』 <제4복음서>[141]에 기술되어 있는 예수의 생애와 동일한 패턴을 가지고 있음을 지적한 바 있다. 가령, 예수가 항상 본인은 '빛'이라고 하고 인간을 '어둠'의 자식으로 보는 점, 하나님 세계를 바로 [동굴 밖]의 빛의 세계로, 우리가 살고 있는 이 세계는 바로 [동굴 안]의 어둠의 세계로 보는 점, 예수 자신이 바로 <동굴의 비유>에서 사슬이 풀려나 밖에 나갔다 들어온 죄수, 그리고 다른 죄수들에게 죽임을 당하는 그 죄수로 비유하고 있는 점 등은 <제4복음서>, 곧 <요한복음>에 기술되어 있는 것과 그 전반적인 내용이 동일하다. 여기에서 우리는 한 가지 의문을 가지게 된다. 플라톤의 <동굴의 비유>와 <제4복음서>에 나타난 예수의 자기 이해가 유사한 형이상학적 배경을 가지게 된 배경이다.

이 부분에 대해 양식비평form criticism이라는 성서해석 방법론에 기초하여 <제4복음서>를 연구한 거장이 있었으니, 바로 실존주의 신학을 제창한 루돌프 불트만Bultman Rudolf[142]이다. 불트만은 복음서 연구에 있어 그가 말하는 소위 '비신화화demytholozation'라는 획기적 방법론을 통하여 초기 기독교와 영지주의靈知主義, Gnosticism의 관계를 밝히는 것을 그 목표로 삼았다. 그의 연구의 핵심은 바로 <요한복음> 전체를 지배하고 있는 "로고스 기독론Logos Christology"의 발견이었다. 즉 그는 <요한복음> 의 신화적 구조 속에서 영지주의 신화[143]의 원형을 발견해냈다.[144]

불트만에 의하면 <요한복음> 1장 1절부터 나오는 로고스[145]는 '태초에'라는 시간 밖에 있으며, 또한 동시에 신神과 세계 사이에 있는 중간자적 중재자이다. 영지주의와 기독교에서 이 세계는 인간의 자아에 생소한 대립적인 것으로 파악되는데, 영지주의에서는 그 의미가 더욱 확대되어 이 세계는 하나의 감옥으로 화하게 된다. 본래적 자아로 여겨왔던 인간의 욕정과 모든 육적 충동을 비非본래적인 것으로 보게 되면서, 그 본래적 자아가 육체적 감옥, 크게는 이 세계라는 감옥에 감금되어 있게 되는 것이다.[146] 그렇다면 본래적 자아란 무엇인가? 여기서 등장하는 것이 바로 <요한복음>을 일관되게 지배하고 있는 빛과 암흑의 사상[147]이다.

<요한복음> 저자에게 있어서 '로고스'는 그 자체가 곧 '빛'인데, 이 빛은 인간에 내재하면서도 인간이라는 비非본래적 육체적 자아에 속하지 않는, 하늘의 신神의 나라에서 온 것이다. 이 빛이 바로 인간의 본래적 자아이며 하늘에 혈연을 둔 자아에 관한 지식, 그리고 비본래적인 육체와 이 세계에서 구제되는 것에 관한 지식, 그것이 바로 영지靈知인 것이다. 이러한 영지의 획득을 통한 구원은 본연의 자아가 있던 곳, 다시 말해 하늘에 이르는 길을 인식한 "영지자"에게 선사되는데 이는 플라톤의 <동굴의 비유>에 있어 상승의 과정과 동일하다. 그리고 그러한 '하늘에 이르는 길', 즉 '영지를 획득한 영지자'는 궁극적으로 하늘 세계에서 영지를 가지고 다시 지상에 내려와 잠과 취함에 빠져있는 빛의 파편들을 "깨우고" 그들에게 그들의 하늘 고향을 "회상"시키며 가르치는데—이 세상과 본래의 세계와의 중재자 됨—, 이는 <동굴의 비유>에서 하강의 과정과 동일하다. 그리고 그는 스스로가 상승의 길을 앞서 가며 속죄의 길을 개척한다. 왜냐하면 그는 이곳 지상에서는 신의 모습이 아닌 지상의 옷으로 변장했

기 때문이다. 그는 이로써 지상의 존재로서의 고난과 궁핍을 스스로 지면서 빛의 세계로 올라가기까지 수모와 박해를 받는다.[148] 이 또한 플라톤의 <동굴의 비유>와 동일한 패턴이라고 할 수 있다.

역사적으로 예수의 자기 이해가 이러한 신화적 구조 속에서 이루어졌음은 『성경』에 확연하게 드러난다. 하지만 그렇다고 해서 기독교와 영지주의가 완전히 동일하다고 볼 수는 없다. 신의 대한 해석과 창조, 부활 등 몇몇 부분에 있어서 뚜렷하게 대립되는 쟁점을 가지고 있기 때문이다. 다만 <요한복음>에 나타난 예수의 신과 인간 사이에서의 중보자로서의 자기 이해는, 기본적으로 영지주의의 "대속자 신화의 틀"을 빌어온 것임에는 틀림이 없다. 즉 <요한복음>에 나타난 예수의 죽음과 부활, 그리고 그의 삶에 대한 이해가 영지주의에 근원을 두고 있었던 것이다.

이상으로 우리는 이러한 <요한복음>에 나타난 예수의 자기 이해 역시 [상승·하강]의 형이상학적 배경을 전제로 하고 있음을 확인할 수 있었으며, 더욱이 그 구조적 패턴이 플라톤의 학문의 이상과 동일하다는 것 역시 확인할 수 있었다. 여기에서 우리는 더 흥미로운 사실을 발견하게 되는데, 아직까지는 가설이지만 초대 기독교에 이렇게 지대한 영향을 준 영지주의의 기원이[149] 올페우스교에 있다는 것이다. 이로써 우리는 플라톤의 <동굴의 비유>와 <제4복음서>에 나타난 예수의 자기 이해가 어떻게 [상승·하강]의 형이상학적 배경과 연관성을 가지는가에 대한 답을 얻을 수 있으며, <제4복음서>에 나타난 신화神話에서도 [상승·하강]의 형이상학적 배경이 있음을 확인할 수 있었다.

⊙ 아가페·에로스[150]로 바라본 기독교 발전 과정과

　　[상승·하강]의 형이상학적 배경

　북구 신학[151]의 대표지라고 할 수 있는 스웨덴, 그 가운데 남부의 도시 룬드[152]는 이 나라 신학활동의 중심지인데, 룬드의 신학자들은 독자적인 신학 연구의 길을 개척하였다. 그것은 '모티브 연구'라는 방법으로, 사물이나 사상의 배후에 있는 기본적인 동기를 찾아내서 가장 중심적, 근원적인 것을 발견해나가는 연구 방법이다. 모티브 연구 분야의 중요한 두 인물로는 아울렌Gustav Aulen[153]과 니그렌Anders Nygren이 있으며, 여기에서는 니그렌의 저서『아가페와 에로스』[154]를 중심으로 [상승·하강]의 형이상학적 배경이 있는지에 대해 검토하고자 한다.

　니그렌에 따르면 '아가페Agape'와 '에로스eros'는 모두 '사랑'을 의미하는 희랍어로, '아가페'는 성경에서 '에로스'는 희랍철학에서 전형적인 형태를 취하고 있다. 이 가운데 '아가페'는 저절로 인간에게 강림하는 '하나님의 사랑'으로, 사랑할 만한 가치가 있는 자를 사랑하는 것이 아니라 사랑할 가치가 없는 자까지도 사랑하는 무조건적인 사랑이다. 이에 반해 '에로스'는 '자기를 하나님께 향하는 노력', 다시 말해 '가장 높은 이, 혹은 가장 높은 목표를 향해 상승하는 노력과 욕구'를 나타내는 말이다.[155] 우리는 아가페를 '위에서 아래로', 즉 하강의 의미로 에로스를 '아래에서 위로', 상승의 의미로 이해할 수 있다. 논의를 위해서는 에로스를 통한 아가페인지, 아가페를 통한 에로스인지 그 선후 과정에 대한 검토가 필요하지만, 이 문제는 현대신학자 바르트와 브루너의 논쟁으로 이어져온 <기독론>과 밀접한 연관을 가지고 있기에 다음 절에서 보다 상세히 고찰하도록 하겠다.

　성경에서 말하는 '아가페'와 희랍철학에서 말하는 '에로스'가 최초로 만

자비의 윤리

난 것은 바로 초대 교회로, 기독교가 희랍세계로 나아가는 동시에 에로스적 요소가 교회에 들어온 것이었다.[156] 마치 서로 대립되어 보이는 이러한 두 개념이 초대 교회 속에서 함께 살고 있었던 셈이다.

초대 교회는 헬레니즘과 헤브라이즘으로 대표되는 거대한 두 문명의 융합하는 지점에 서있었는데, 이는 앞서 밝힌 것처럼 특히 영지주의와 밀접한 연관이 있었다. 따라서 영지주의와 기독교의 동일한 형이상학적 배경이 되었던 '에로스'를 중심한 상승과 '아가페'를 중심한 하강의 과정이 그대로 초대교회 속에 간직되어 있었다.

이러한 두 사랑을 체계적인 사상으로 통합하고 정립시킨 인물이 바로 어거스틴Augustinus[157]이다. 어거스틴은 그의 사상과 인격 속에 '아가페'와 '에로스'를 통합하여 새로운 사랑, 라틴어로 '카리타스caritas'라는 개념으로 정립하는데, 이 '카리타스'에 의하여 로마 카톨릭 주의가 성립하게 된다.[158] 하지만 이러한 '카리타스' 개념은 어거스틴 이후 기독교에서 사라져 두 사랑의 조화가 아닌 어느 한 면만을 강조하는 식으로 점점 변질되어 갔다.

이러한 배경에서 중세 중기부터 등장하기 시작하는 수도원은 주로 '에로스', 곧 상승의 과정에 집중한다. 그 이유는 아마도 어거스틴 이전까지 인간에게 있어서 철저히 닫혀진 세계로 여겨오던 초월적인 신[159]에게 다가갈 수 있다는 기쁨 때문이었을 것이다. 어거스틴이 탄생시킨 새로운 사상으로 인해, 신의 은총과 은혜를 막연히 기다리던 인간은 이제 신에게 적극적으로 다가가기 위해 노력하는 인간으로 바뀌게 되었다. 이러한 개념 변화의 상징이 바로 중세의 수도원이다. 스스로의 부단한 노력으로 신에게 도달할/수 있다는 확신, 그러한 확신이 수도원의 생성을 부추겼다. 하지만 수도원은 상승의 과정만을 강조한 채 하강의 과정은 도외시했다.[160] 그들은 극단적으로 은폐된 가운데 살았고, 중세 말기에 이르러 고립된 수도원은 많은 문제점[161]을 드러내게 되었다. 니그렌에 의하면, 그로 인해 사랑의 개념은 '에로스', 곧 상승만을 강조하였고, 이후 루터에 의해 그동안 잊혀버렸던 '아가페'에 대한 회복이 이루어지게 된다. 루터는 어거스틴의 '카리타스' 개념과 고투하여 신약성서의 순수한 아가페의 메시지를 발견했다. 즉 루터는 자기의 눈을 인간중심에서 하나님중심으로, 인간의 행위에서 하나님의 순수한 은혜로 향하게 하여 사람들에게 그 메시지를 전했다. 니그렌은 이것을 "루터의 코페르니쿠스적 전환"이라고 명명하기도 했다. 흥미롭게도 이 때부터 중세의 수도원은 하나둘씩 사라지기 시작했다.

루터 이후, 다시 계몽주의가 도래하면서 상승, 즉 '에로스'에 대한 믿음은 인간의 이성에 대한 낙관적 확신으로 이어졌다. 그리고 그 확신이 두 차례의 세계대전으로 인하여 다시 절망적인 회의로 바뀌게 되면서 다시 '아가페'를 강조하는 칼바르트의 신학 등이 등장, '에로스'와 '아가페', 곧 상승과 하강의 융합 과정은 오직 예수에게서만 이루어졌다 할 수 있다.

이상 아가페와 에로스 개념과 기독교 발전사를 중심으로 고찰하며 [상승·하강]의 형이상학적 배경이 전제되어있음을 알게 되었다. 이제 앞서 제기하였듯이 에로스와 아가페를 중심한 선후의 과정에 대해 기독교 신학의 핵심 주제 중 하나인 <기독론>을 중심으로 고찰해보도록 하겠다.

⊙ 기독론과 [상승·하강]의 형이상학적 배경

기독론基督論, christology을 중심으로 고찰하기에 앞서 한 가지 밝혀 둘 것이 있다. 그것은 기독론이 기독론이라는 이름으로 교리체계를 확립한 후, 지금까지도 기독교 신학상의 뜨거운 감자로써 논쟁을 계속하는 부문이라는 사실이다. 바로 대표적 현대 신학자 칼 바르트와 부르너의 논쟁이다. 따라서 여기서는 기독론 전반에 대한 논의보다는 본 주제와 관련된 내용을 중심으로만 고찰하고자 한다.

예수가 제자들에게 "사람들이 인자를 누구라 하더냐?"라고 물었을 때 그의 수제자 베드로는 "당신은 그리스도요, 살아계신 하나님의 아들입니다마태 16/13~17"라고 대답한다. 기독론은 이 고백으로부터 출발한다. 이러한 기독론을 다루는 방법에는 두 가지가 있는데, '위로부터의 기독론'과 '아래로부터의 기독론'이 그것이다.[162] 이러한 두 가지 방식의 논쟁은 A.D. 300년경에 최초로 일어나며, 이것이 그 유명한 니케아 논쟁이다.

알렉산드리아의 어느 교회의 장로인 아리우스Arius가 "예수는 하나님에 의해 창조되었고, 다만 하나님께 가까울 뿐 하나님과 동일한 분은 아니다"라고 한 선언이 논쟁의 발단이 되었다. 즉 예수는 정말 하나님이 아니고 하나님과 인간 사이의 중보자—이 교의敎義는 그리스도의 신성神性을 원칙적으로 부인한다고 하여 '종속론subordinationism'이라 불린다—라는 것이 그의 주장이었다. 이러한 그의 주장은 당시에 기독교 세계에 심각한 파장을 불러일으켰으며, 알렉산드리아 주교는 이론의 위험성을 우려해 아리우스에게 자신의 잘못을 시정하라 했다. 하지만 아리우스는 단호히 자기 입장을 고수했고, 자신의 주장을 시와 노래로 추종자들에게 가르쳤다. 사태는 더욱 심각해졌고, A.D. 325년 5월 마침내 콘스탄티누스 황제의 집전 하에 희랍과 로마 등 전 교회를 대표하는 318명의 주교들이 모이는 니케아 교회 회의가 소집되었다. 알렉산드리아 주교를 대신한 그의 비서 아타나시우스와 아리우스는 황제가 있음에도 이내 심각한 논쟁을 벌였다. 아타나시우스가 말하고자 했던 것은 예수는 하나님이라는 것, 즉 성부聖父와 성자聖子

는 같은 본성과 동일한 본질을 나누어 가졌다고 하는 것이었는데, 그의 추종자들은 이 개념에 대하여 희랍어 '호모위세언homoousion[of the same substance, 동질의]'이라는 말을 사용하였다. 이에 반해 아리아인들은 그들의 신념을 설명하기 위하여 '호모이위세언homoiousion[of like nature, 유사한 본질의]'이라는 말을 사용하였다.[163)

그렇다면 이 두 기독론의 궁극적 차이점은 무엇인가? 아리우스는 하나님의 수위성首位性과 우월성優越性을 주장하는 것이 중요하다고 믿었다. 따라서 하나님과 예수는 다른 존재이며, 단지 의지에 있어서 일치된 존재라고 보았으며, 그러한 예수가 바로 하나님과 인간 사이의 중간적 중재자라고 믿었다. 이에 반해 아타나시우스는 두 가지 문제에서 아리우스를 공격하였는데, 첫째로 아리우스의 그리스도관은 예수가 전적인 신성, 즉 참하나님이 아니기에 신자가 예수와 하나 되더라도 하나님과 하나 되지 않는다는 점이었다. 둘째는 예수는 참하나님도 아니고 참인간도 아니며 단지 양자 사이의 다리일 뿐이기에 인간의 곤경에 동정할 수 없으며, 우리의 죄를 함께 짊어질 수 없다는 데 있었다.

회의는 아타나시우스의 승리로 끝났다. 예수는 참하나님인 동시에 참인간이었으며, 신성과 인성에 있어 모두 완전하다고 선포되었다. 그리하여 아리우스는 이단으로 정죄되고, 아리우스와 그의 추종자들은 추방되었고, 아리우스의 견해를 실은 책들은 모두 불태워졌다. 그리고 마침내 A.D. 6세기경 "아타나시우스 신경"이 공식적으로 인정되면서 논쟁은 아타나시우스의 영원한 승리로 끝난듯 했다. 하지만 교의의 공식적인 결정에도 불구하고 기독론의 논쟁은 계속되었다. 특히 아리우스의 추종자인 안디옥의 성서학파와 알렉산드리아의 철학적 신학자들 사이에서 논쟁은 계속되었으며 오늘날의 바르트와 브루너의 논쟁으로까지 이어졌다.

그렇다면 이단 정죄라는 엄청난 핍박에도 자신의 주장을 굽히지 않았던 아리우스가 궁극적 주장하고자 했던 것은 무엇이었을까? 학자들의 연구결과를 보면 아리우스는 영지주의를 추종하는 사람이었다고 한다. 그는 예수는 우리와 같이 배고픔과 피곤을 느끼고, 자고, 먹는 한 인간이라고 믿었다. 그러한 인간이 스스로의 노력으로 영지[신비스러운 지식]를 획득함으로써 그 자신이 '기름 부은 자', 곧 '그리스도'가 되었으며, 그리스도[164]가 됨으로서 죄의 삶에서 해방되고 우주와 하나가 되는 신비로운 체험을 하게 되어, 궁극적으로 인간을 저 신의 세계로 인도하는 중간자적 존재가 되었다는 것, 이것이 그의 궁극적인 주장이다.

이러한 아리우스의 주장[165]은 기나긴 영지주의 전통의 모습이었으며, 에로스와 아가페가 함께 숨 쉬었던 초대 교회의 모습이었으며, 또 신플라톤주의적인 신성의 일체감을 표현하는 말이었으며, 플라톤의 학문의 이상을 표현하는 말이었으며, 앞에서 살펴본 상승과 하강의 전형적인 패턴을 표현하는 말이었다.

이 시점에서 우리는 아가페하강를 통한 에로스상승인지 그렇지 않으면 에로스상승를 통한 아가페하강인지 그 선후에 대해서 검토해야 한다. 아타나시우스의 주장이 옳다면 하강[아가페]을 통한 상승[에로스]의 과정이[166], 아리우스의 주장이 옳다면 상승[에로스]을 통한 하강[아가페]의 과정이 이루어진다. 아직까지 이러한 문제에 대해 명확하게 밝혀진 것은 없지만, 어쨌든 이러한 과정을 통해 기독교에 있어서도 [상승·하강]의 형이상학적 배경이 존재함을 알게 되었다.

ⓒ 불교와 [상승·하강]의 형이상학적 배경

불교佛敎는 약 2,600여 년 전 인도의 북부지역에 위치한 가비라국 Kapilavatthu 사캬Sakya족의 정반왕과 왕비 마야부인 사이에 태어난 고타마 싯다르타Gotama Siddhattha, 그가 깨달음을 통해 붓다Buddha, 覺者가 되면서 시작된 종교이다. 불교佛敎는 말 그대로 '붓다佛'의 '가르침敎', 곧 누구나 깨달음을 통해 붓다가 될 수 있다는 것이 그 핵심이다. 불교 역시 부파불교-중관불교-유식불교-비밀불교 등 장구한 역사만큼이나 방대한 교학 체계를 구축하고 있다. 따라서 여기서는 본 주제와 연관해서 불교의 출발점인 석존의 깨달음內證과 중생교화外證化의 과정, 이에 대한 해석으로 이루어진 불교사의 변천 과정, 특히 붓다의 본질에 대한 교리체계인 불신론佛身論을 살펴보는 것으로 불교지평에서 [상승·하강]의 형이상학적 배경이 존재하는지에 대해 고찰하고자 한다.

⊙ 석존의 깨달음과 중생교화, 그리고 [상승·하강]의 형이상학적 배경

2,600여 년 전 석존은 출가 전까지 호화롭고 행복한 생활을 영위했으나 사문유관四門遊觀이라는 생로병사의 대전제를 경험한 뒤, 모든 것을 버리고 성스로운 구도求道를 시작한다. 그리하여 일체의 유혹과 번뇌를 완전히 타파하고 크나큰 깨달음을 얻어 붓다가 되었다. 여기에서 중요한 것은 깨닫기까지의 과정이 철저히 내면적이라는 데 있다. 즉 깨달음이라는 현상이 누구에 의해, 혹은 무엇에 의해 검증되는 객관적인 현상이 아닌 순수하게 석존의 내면 속에서 이루어진 자증自證의 과정이었다는 사실이다.

따라서 이러한 깨달음을 석존이 얻었다 하더라도 만약 그 법法을 중생에게 설파하지 않았다면 그 깨달음은 중생과는 상관이 없는 석존의 내면적인 현상으로 머물고 말았을 것이다. 따라서 내증內證의 외증화外證化는 하나의

중대한 역사적 결단이요, 결정이라 할 수 있다.

실상 석존은 깨달음을 얻은 후 곧바로 그 자리에서 일어나지 않고, 3~7일간 자수용법락自受用法樂, 즉 스스로 법열法悅을 느끼고 즐겼다고 한다. 즉 이때는 내증의 외증화를 위한, 즉 중생을 위한 자비慈悲 교화敎化라는 역사적 결단은 이차적 문제였으며, 법의 깨달음에 대한 석존 스스로의 기쁨만이 있었다. 하지만 우리는 석존이 깨달음과 동시에 중생교화를 위해 깊이 사색했던 흔적을 원시元始 아함 경전 중 『권청경勸請經』을 통해 알 수 있다.

> 내가 얻은 매우 깊은 이 법은 알기 어렵고 깨닫기 어려우며 생각하기 어려운 것이다. 비록 내가 사람들을 위해 미묘한 법을 설하더라도 사람들이 그것을 믿고 받아주지 않고 또 받들어 행하지 않으면 한갓 수고롭고 손해만 있을 뿐이다. 나는 이제 차라리 침묵을 지키자. 설법할 것이 없다.[167]

여기에서 석존의 고민을 엿볼 수가 있다. 즉 중생을 위한 교화는 깨달음을 통하여 일어나는 자연스런 현상이 아니라 석가모니 붓나의 깊은 사색과 고민을 통해 이루어진 역사적 결단이었다. 따라서 우리는 석존에게 있어 중요한 1차적 목적은 '자리'를 중심한 깨달음의 과정이었으며, '이타'를 중심한 중생교화는 이차적 문제, 즉 부수적인 문제였음을 알 수 있다. 즉 깨달음을 얻은 석존과 중생의 이익을 위한 중생교화에는 아무런 필연성이 없었다. 하지만 과연 그러한가? 문제는 그리 간단하지가 않다. 왜냐하면 『존중경尊重經』의 다음 내용은 내증의 외증화, 즉 깨달음과 그를 통한 중생교화의 필연성을 보여주고 있기 때문이다.

> 존경할 것이 없고 공경할 것이 없는 생활은 괴롭다. 나는 어떠한

사문 혹은 바라문을 공경하고 존중하며 가까이에 머물 것인가. 어떤 하늘이나 악마·범梵·사문·바라문·천신이나 세상 사람에서도 내가 두루 갖춘 계율보다도 낮고 삼매나 지혜·해탈·해탈지견보다 나아서 나로 하여금 공경하고 존중하며 받들어 섬기고 공양하게 하여 그것을 의지해 살 만한 것이 없다. 오직 바른 법이 있어서 나로 하여금 스스로 깨달아 삼먁삼붓다를 이룩하게 하였다. 나는 차라리 내가 깨달은 이 법을 공경하고 존중하며 받들어 섬기고 공양하면서 그것을 의지해 살아가리라.[168]

여기에서 석존이 자신이 깨달은 진리를 우러러 받들고 그 진리에 봉사하면서 살 수밖에 없음을 느끼고, 중생을 위한 전도의 결심을 했음을 알 수 있다. 그런데 여기에 한 가지 의문점은, 어떻게 자신이 깨달은 법을 스스로 받들고 공경하고 그것에 의지해 살아감이 전도의 행위를 유발할 수 있는가 하는 것이다.

자신이 깨달은 법을 스스로 받들고 공경하고 그것에 의지해 살아가는 것은 어디까지나 '자리自利'의 행위이다. 그런데 그 자리의 행위가 어떻게 중생교화라는 '이타利他'의 행위로 전환될 수 있을까? 그 해답은 석존이 깨달은 연기법緣起法에 의거한 '자타일여'의 정신에 있다. '자리'와 '이타', '석존'과 '중생'의 하나됨이 바로 전도의 정신이다. 일반적으로 전도라 함은 '이타'를 의미한다.[169] 그러나 불교에 있어, 특히 석존 자신에게 있어서 전도는 이타만을 위한 것이 아닌 자리와 이타를 포함한 자타일여를 전제로 한 과정이었다. 그렇기에 석존은 80세에 반열반般涅槃하기까지 45년이라는 긴 세월을 오직 중생들을 위해 전도하였으며, 마지막 열반도 전도여행의 길에서 맞이했다. 여기에서 우리가 면밀히 살펴보아야 할 부분은 자타일여의 정신이 언제 생겼는가 하는 시기적 관점이다. 다시 말해 실존적 번뇌를 해결하는 '자리'를 위한 깨달음 과정 가운데 포함되어 있었는가, 그렇지 않으면 깨달음과 함께 얻은 것인가 하는 것이다. 한 가지 확실한 것은 석존의 출가가 처음부터 중생교화를 위한 것은 아니었다는 점이다. 석존이 출가한 1차적 목적은 바로 생로병사로 대표되는 자신의 번뇌로부터의 실존적 해방이었다. 따라서 우리는 깨달음을 통한 중생교화의 궁극적 정신인 자타일여가 석존의 '자리'를 위한 깨달음의 과정 그 자체부터 존재했던 것이 아니라 깨달음을 이룬 뒤에 온 하나의 결과적 현상이었다는 것을 알 수 있다. 따라서 석존의 깨달음이 없었다면 궁극적으로 자타일여라는 정신이 존재할 수 없는 것이며[170], 중생을 위한 전도는 이루어질 수 없는 것이다. 그렇다면 우리는 깨달음과 중생교화의 필연성을 이렇게 정의할 수 있을 것이다. "석존의 1차적 목적은 '자리'를 중심한 깨달음의 추구였지만, 그가 증득한 깨달음 속에는 자타일여라는 중생교화의 필연성이 내포되어 있었으며, 따라서 중생교화를 위한 석존의 전도는 필연적이었다."

이러한 불교의 기본적 정신은 상기에서 필자가 제시한 [상승·하강]의 형이상학적 배경과 친연관계를 형성하고 있음을 확인할 수 있다. '자리'를 위해 깨달음을 추구하는 과정은 상승의 과정에 해당되며, '이타'를 위한 중생교화는 상승을 통한 하강의 과정에 해당된다.

석존이 '독각'이 아닌 '붓다'일 수 있는 이유는 상승과 함께, 상승을 통한 하강의 과정이 있었기 때문이다. 그래서 우리는 석존을 '진리의 세계로 가신 분[如去, Tathagata]'이라 부르지 않고, '진리의 세계에서 오신 분[如來, Tatha-agata]'이라고 부르는 것이다. '자리'를 통한 '이타', '내증'을 통한 '외증화', '깨달음을 통한 중생교화', '상승을 통한 하강', 그 어떤 용어로 표현해도 그 내용을 설명할 수 있다. 이러한 석존의 [상승·하강]의 과정은 그 강조점과 해석에 따라 불교지평 내에 큰 두 흐름을 결정하는데, 그것이 바로 소승불교部派佛教와 대승불교大乘佛教라 할 수 있다.

⊙ 불교의 발전과정과 [상승·하강]의 형이상학적 배경

석존佛의 깨달음法과 중생교화는 하나의 강력한 교단僧을 형성하며 체제적 발전을 이룩한다. 그러나 석존의 입멸入滅이라는 대사건 뒤에 교설에 대한 다양한 해석이 나오면서 불교는 여러 부파들로 분열되게 된다.[171] 근본분열에서 지말분열까지 하나의 단일교단은 20개의 부파로 분열되었으며, 각 부파들은 자신만의 교학체계를 정립하며, 중생과는 유리된 채 점점 현학적인 불교로 변질되어 갔다.

물론 석존의 근본정신에 의거한 참된 '불설佛說'을 제시한다 자부하는 '아비달마'가 있었지만, 그 아비달마를 중심으로 오히려 부파 간의 논쟁에 몰두함으로써 불교는 귀족적 종교가 되어 대중과 멀어졌다. 그들은 상가 saṃgha, 僧 안에서 그들만의 단체 생활을 영위했으며, 점점 더 현학적인 교리를 따라 '붓다'가 아닌 '아라한'을 목표로 수행의 체계를 정립했다.[172] 더욱이 중생교화를 잊은 고립된 생활은 아쇼카나 카니쉬카 왕과 같은 불자 국왕들과 토후, 장자 등의 정치적·경제적 원조가 더해지면서 더욱 가열되고 부파불교는 점점 더 '자리' 중심의 불교로 변질되어 갔다.[173)174]

이러한 부파불교에 대한 반발로 "석존의 본래 정신으로 돌아가자"는 구호 아래 새롭게 시작된 불교 운동이 바로 대승불교이다.[175] 대승 운동이 기존 불교 내의 주류였던 소승불교[176]에 대한 비판과 극복이라는 뚜렷한 목표 속에 시작되었다는 데에는 학계의 이견異見이 없지만, 대승불교가 어떻게 성립하고 등장했는지에 대해서는 아직 정설定說이 없다. 왜냐하면 대승불교가 어느 특정한 시기와 장소에서 급속히 일어난 운동이 아니라, 오랜 시간에 걸쳐 여러 장소에서 일어난 다양한 운동이 서로 뒤섞이며 점진적으로 대승불교로 결정結晶되었기 때문이다.[177)178)] 따라서 현재 우리가 공유하고 있는 자료만으로는 대승 운동의 정체성을 논하기 어렵다. 하지만 다행히도 대승불교의 정체성이 소승불교에 대한 비판이라는 대전제 아래 시작되었다는 것만은 학계가 공통적으로 지지하는 사실이다. 그리고 비판의 중심에는 소승불교의 '자리' 중심적 태도가 있었다. 즉 중생을 외면한 채 철저히 자신의 깨달음만을 추구하던 출가 중심주의·종교 엘리트 중심주의, 이는 [상승·하강]의 과정 가운데 상승에 해당하는데, 이로써 우리는 소승불교가 [상승·하강]의 과정 가운데 상승에 편중되어 있었음을 확인할 수 있다.

그렇다면 소승불교에 대한 비판으로 일어난 대승불교는 어떤 경향이었을까? 대승불교 자체는 앞서 언급한 것처럼 하나의 복합적 현상으로, 대승불교 내에도 다양한 교학제계와 분파가 있어 그 정의가 어렵다. 하지만 [상승·하강]의 단순도식으로 그 경향을 규정한다면, 상승보다는 하강의 과정에 보다 강조점을 두었다고 할 수 있다. 물론 대승불교에 있어서도 깨달음, 즉 상승의 과정이 중요하지만 적어도 그 깨달음의 본질이 깨달음 자체에 있는 것은 아니었다. 대승불교에 있어 깨달음은 고통받는 중생들의 교화를 포함하고 있다. 대승의 불성사상佛性思想, 보살사상菩薩思想, 원願과 원생願生, 6바라밀사상六波羅蜜思想, 불신사상佛身思想, 정토사상淨土思想 등의 핵심 사상들 대부분이 '이타', 즉 하강의 과정에 그 강조점을 두고 있음을 확인할 수 있다.

이상의 내용들을 통해 우리는 결국 불교사에서 소승불교와 대승불교의 차이는, 석존에게 있어 상승[내증=깨달음]과 하강[외증화=중생교화]의 과정 가운데 어떤 과정을 더 본질로 보느냐에 따라 달라진 것임을 알 수 있다. 이것은 붓다의 본질에 대한 물음으로부터 정립된 불신론佛身論과도 밀접한 연관을 가진다. 이에 불신론을 중심으로 다시 한번 불교와 [상승·하강]의 형이상학적 배경과의 연관성에 대해 살펴보도록 하겠다.

⊙ 불신론과 [상승 · 하강]의 형이상학적 배경
  _유가행파瑜伽行派의 3신설身說을 중심으로[179)]

'붓다란 무엇인가?' 는 불교의 가장 근원에 놓여 있는 문제이다. 그러므로 이 문제는 어느 시대에나 계속 제기되어 왔으며 불교의 중심 과제는 항상 붓다와 인간과의 관계였다. 그러나 '붓다란 무엇인가', '불신佛身이란 무엇인가'라는 문제를 구체적으로 제기하고, 불신론을 절박하게 취급하게 된 것은, 석존의 입멸이라는 사건 이후부터였다. 이후 이 문제는 그 출발점은 서로 달랐지만, 원시불교原始佛敎, 부파불교部派佛敎, 대승불교大乘佛敎의 발전 과정에서 각자의 의미로 변천해왔다.

갖가지 변천을 거듭하며, 불신론이 체계적으로 연구·정리되어 이론으로 완성된 것은 대승불교 교학의 완성시대라 할 수 있는 5세기경으로, 북인도에서 출생한 아상가Asaṅga, 無着와 바수반두Vasubandhu, 世親 형제의 저작, 그리고 그 선구로 생각되는, '마이뜨레이야 논서'라 불리는 일군의 논서, 이른바 유가행유식학瑜伽行唯識學의 논서에서 확립된 3신설三身說. 自性身·受用身·變化身에 의해서였다. 따라서 여기서는 불신론 가운데 유가행파의 3신설, 그 가운데 3신설로서 첫 번째 논의라고 할 수 있는, 마이뜨레이야 송頌과 바수반두 석釋이라는 『대승장엄경大乘藏嚴經論』을 중심으로 [상승·하강]

의 형이상학적 배경과의 연관성에 대하여 살펴보도록 하겠다.[180]

『대승장엄경론』의 제60게偈에는, "자성신性身과 수용신食身과 변화신化身을 합해 세 가지 몸身이라고 하네. 첫 번째 몸이 다른 두 몸의 의지처임을 알아야 할 것이네性身及食身 化身合三身 應知第一身 餘二之依止."[181]라고 되어있으며, 바수반두는 그 주석에서 "모든 붓다께는 세 가지의 몸이 있다. 첫째는 자성신自性身이니 전의轉依를 특질[相]로 하기 때문이며, 둘째는 수용신食身이니 회중륜會衆輪에서 법식[法受用]을 짓기 때문이며, 셋째는 변화신이니 교화할 중생들의 이익을 만들어주기 때문이다. 자성신이 수용신과 변화신의 의지처이니, 이것이 근본이 때문이다釋曰: 一切諸佛有三種身, 一者, 自性身, 由轉依相故, 二者, 食身, 由於大集衆中作法食故, 三者, 化身, 由作所化衆生利益故, 此中, 應知, 自性身爲食身化身依止, 由是本故釋曰: 一切諸佛有三種身, 一者, 自性身, 由轉依相故, 二者, 食身, 由於大集衆中作法食故, 三者, 化身, 由作所化衆生利益故, 此中, 應知, 自性身爲食身化身依止, 由是本故."[182]라고 해석하고 있는데, 이 내용을 『섭대승론본攝大乘論本』에서는 다음과 같이 설명한다.

> 이 중에서 자성신은 모든 여래의 법신이다. 일체법이 자재하게 전전하는 의지처이기 때문이다. 수용신은 법신에 의지하고, 모든 부처님의 갖가지 회중륜會衆輪에 나타나는 바로서 청정한 불국토에서 대승의 법락을 향수享受하기 때문이다. 변화신은 역시 법신에 의지하여, 도솔천궁으로부터 나투어 생을 받고, 하고자 함을 수용하여, 성을 나와서 출가하며, 외도의 처소에 가서 모든 고행을 닦고, 대보리를 증득하며, 큰 법륜을 굴리고, 대열반에 들어가기 때문이다.[183]

• 변화신變化身

한 가지 확실하게 말할 수 있는 것은 변화신이 석존이라는 사람을 지칭
한다는 것이다. 이는 2신설二身說. 色身·法身 가운데 색신에 해당하는 것이라
할 수 있다. 하지만 여기에서 색신이라는 것인 단순히 석존이라는 사람만
을 의미하는 것이 아니라 조금 확장해서[184) 보편의 붓다—즉 법신으로서의
붓다—가 중생제도를 위해 인간적 육체를 가진 존재가 되었다는—따라서
석존 외에도 똑같은 붓다를 생각할 수 있다—것을 말한다. 여기에서 바수
반두의 주석을 빌리자면 변화신의 핵심은 '교화할 중생들의 이익을 만들어
주는 것', 곧 '이타'의 성취를 특질로 한다는 것이며, 이는 석존에게 있어 하
강의 과정이라 할 수 있다.

• 자성신自性身

이에 반해 여래의 법신法身으로 모든 법의 자재전自在轉의 의지처[所依]이
며, 다른 두 신身의 의지처가 되는 자성신은 2신설 가운데 법신에 해당한다.
자성신은 법성法性 그 자체가 붓다의 본성·특질이라는 의미인데, "전의轉依
를 그 특질[相]로 한다." 여기에서 '전의'는 유식에서 가장 중요한 용어로서
'소의所依의 전환', '헤맴에서 깨달음으로의 전환'을 의미한다. 이는 유식학에
있어 중요한 3성설 변계소집성遍計所執性·의타기성依他起性·원성실성圓成實性
과 밀접한 연관을 가지는 것인데, 한 마디로 변계소집성에서 원성실성으로
의 전환—의타기성을 의타기성으로 보는 것—을 의미한다. 이는 석존에 있
어 상승의 과정에 해당한다. 그렇다면 수용신이란 무엇인가?

• 수용신受用身

수용신에 대해서는 여러 해석이 분분하지만, 한 마디로 축약하면 자성신
과 변화신을 연계하는 '필연성'이라고 설명할 수 있을 것이다.

이는 앞서 여러 차례 언급했던 석존에게 있어 자타일여自他一如의 정신의 체계화라고 할 수 있다. 곧 자기自와 타자他가 하나이기에 자수용自受用과 타수용他受用이 궁극적으로 하나임을 의미한다. 불교에서 구경인 붓다를 가리켜 "자리이타 각행궁만自利利他 各行窮滿"이라 하는 것과 동일하다. '이 타'에서 비로소 '자리'의 만족이 있다는 것으로 수용신은 자수용과 타수용, 즉 자리와 이타, 자성신自利과 변화신利他이 분리될 수 없음을 말한다. 그렇 기에『중변분별론中邊分別論』에 대한 스티라마티Sthiramati, 安慧의 주석에서 "자성신이 이 수용신에서 현등각現等覺한다"라고 표현하는 것이다. 즉 자성 신이 수용신이 될 때야 비로소 깨달음의 완성이 이루어진다는 뜻이다. 이 는 자성신이 수용신이 되어야, 즉 '자리'를 위한 깨달음의 과정을 통해 자타 일여의 정신으로 중생교화를 해야, 다시 말해 상승을 통한 하강이 이루어 져야 깨달음의 완성임을 의미한다. 결국 자성신은 깨달음 그 자체로, 도식 적으로 꼭대기에 위치하는 듯하지만, 실질적으로는 자성신이 수용신으로 되는 것이 깨달음의 완성이다. 무분별지無分別智가 무분별지후득지無分別智 後得智로서 완성되는 것과 같다. 이렇게 보면 수용신은 향상向上이며, 자리 의 구경究竟이라고 할 수 있다. 이와 같이 수용신은 자수용自受用과 타수용 他受用, 자리自利와 이타利他, 향상向上과 향하向下라는 양면을 가지며, 의미 론적으로 3신설의 중심이 되는 불신인데, 이 수용신의 확립에 의해 3신설 의 이론이 완성된다.[185][186]

이상의 내용을 통해서 우리는 불교지평에도 [상승·하강]의 형이상학적 배경이 존재함을 알게 되었다. 그러나 서양철학, 기독교 등과 그 구조적 측 면에서 형이상학적 배경이 동일하다는 의미이지, 그 내용이 동일하다고 볼 수는 없다. 그럼에도 이 세개의 지평이 형이상학적 배경이라는 관점에서 연관관계를 맺고 있는 것은 매우 주목할 만하다. 그렇다면 이 세 지평은 어떻게 유사한 형이상학적 배경을 공유하고 있는 것인가?

③ 유사한 형이상학적 배경을 공유하는 이유

앞서 <제4복음서>에 나타난 예수의 자기 이해와 플라톤의 <동굴의 비유>의 유사성에 대해 살펴본 바 가 있다. 그리고 아직은 가설이지만 유사성의 이유로, 초대 기독교에 지대한 영향을 준 영지주의의 기원이 올페우스교에 있다는 점에서 어떤 연관성이 있음을 지적했다. 여기서 다시 주목해야 할 지점은 바로 영지주의Gnosticism·올페이즘Orphicism과 동방사상의 대표격인 조로아스터교Zoroastrianism와의 관계이다. 이를 분석하기 위해서는 먼저 조로아스터교와 인도와의 관계에 대해서 살펴보아야 한다.[187] 이 둘의 관계는 이미 많은 학자들이 연구해온 바 있다.

'조로아스터교Zoroastrianism'는 '파르시즘Parsiism'이라고 불리는데, 이는 조로아스터교도들이 후대에 인도의 파르시스Parsis 지방에 이주하여 살아남았기 때문에 붙여진 이름이다. 그리고 이란과 인도가 원래 한 종족 한 언어 그룹인 아리안족the Aryans=the Indo-Iranians이라는 사실, 이란의 성경인 『아베스타the Avesta』와 인도의 성경인 『베다the Vedas』 사이에 똑같은 다신론多神論의 형태가 발견되며 신神의 이름도 동일하다는 사실,[188] 그리고 불교 신화에 나타나는 악신의 의미인 아수라阿修羅와 조로아스터교의 최고 선신인 아후라Ahura Mazda와 어원이 같다는 사실 등은 조로아스터교와 인도, 그 가운데 불교와의 관계에 있어 충분히 주목할 만한 사실들이다. 게다가 조로아스터교는 앞에서 살펴본 영지주의와 올페이즘과도 밀접한 관계를 가지고 있다.[189]

이를 통해 우리는 확실하게 정의는 내릴 수 없지만, 불교와 기독교, 그리고 서양철학이 막연하지만 그 어떤 공통점과 연관의 선상에 있음을 추측할 수 있다. 하지만 이는 어디까지나 가설적 추측에 불과할 뿐, 학계의 인정을 얻기까지는 많은 연구와 시간이 필요할 것이다.

지금까지 선善·사랑love·자비慈悲의 개념을 탄생시킨 토양인 서양철학·기독교·불교와 필자가 제시한 [상승·하강]의 형이상학적 배경과의 친연성親緣性에 대해 살펴보았다.

세 지평에 모두 [상승·하강]의 형이상학적 배경이 존재하였으며, 그러한 내용을 통해 [상승·하강]의 형이상학적 배경이 선·사랑·자비의 대화를 위한 근본 전제임을 확인할 수 있었다. 따라서 지금부터는 이러한 근본 전제를 중심으로 선·사랑·자비의 대화를 시도하고자 한다.

대화를 시작하기에 앞서 한 가지를 검토하려고 한다. 서양철학·기독교·불교, 이 세 지평은 모두 '사랑'을 그 핵심적 가치로 형성되었다. '내증內證의 외증화外證化[깨달음을 통한 중생교화]', '학문學問을 통한 계몽화啓蒙化', '자리自利를 통한 이타화[복음화福音化 혹은 사회화社會化]', '에로스eros를 통한 아가페agape', '상승을 통한 하강' 등 용어는 다르지만 기본 강조점이 '사랑'임에는 변함이 없다. 따라서 선[190]·사랑·자비는 각 지평에서 강조되고 있는 '사랑'의 또 다른 기표이다. 선·사랑·자비라는 세 개념이 모두 '사랑'이라는 가치를 의미한다는 점에서는 같지만 앞에서 살펴본 바와 같이 각각의 개념들이 내포하는 의미와 그 범위는 차이가 있다. 따라서 이에 대한 명확한 구분과 규정이 선행되지 않고는 세 지평의 생산적 대화는 불가능하다. 그렇다면 선·사랑·자비의 개념들이 내포하는 의미와 그 범위는 어떻게 구분할 수 있을까? 물론 현재 사용되고 있는 세 개념의 의미를 비교·분석할 수 있지만, 지금까지 본 것처럼 세 지평의 공유하는 구조적 틀, [상승·하강]이라는 형이상학적 배경을 중심으로 분석할 때 더욱 명확해질 것이다.

선·사랑·자비의 세 개념은 상승의 과정을 성취한 후 하강하면서, 보다 정확하게 말하면 상승 후 하강을 일으키는 원동력이다. 따라서 이들은 상승의 성취 후 탄생證得되었다고 볼 수 있다. 상승은 '자리'이며, 하강은 '이타'이다. 하지만 '자리'와 '이타'는 엄밀한 의미에서 병행될 수 없는 두 과정이다. 왜냐하면 너무나 이질적 가치이기 때문이다. 따라서 상승을 통한 하강의 필연성을 확보하기 위해서는 '자리'와 '이타'가 하나라는 자타일여의 사상이 확보되어야 한다. 결국 세 개념, 나아가 세 지평의 대화를 위한 키워드는 결국 '자타일여'의 사상의 유·무라 하겠다.

그렇다면 이러한 검토를 어떻게 수행할 것인가? 필자는 세 지평이 지향하는 이상적 인간상인 철인哲人.Philosopher·그리스도基督.Christ·붓다佛.Buddha의 본질에 대한 탐구로 정립된 철인론哲人論, 기독론基督論, 불신론佛身論을 중심으로 이러한 자타일여 사상의 유·무를 검토하고자 한다. 왜냐하면 궁극적으로 선·사랑·자비의 이 세 개념을 체화體化하고, 그 개념을 탄생시킨 것은 결국 세 인간상이었기 때문이다. 따라서 세 개념에 대한 명확한 이해, 그리고 공통점과 차이점을 중심한 대화를 위해서는 철인론·기독론·불신론에 대한 비교·연구가 필요조건이다.

더우기 지금까지 세 지평에 있어서 [상승·하강]의 형이상학적 배경의 존재유무를 검토하면서 대략적이지만 세 이론을 검토했으므로, 지금부터는 세 이론의 공통점과 차이점을 살펴보고, 이를 토대로 선·사랑·자비의 궁극적 대화를 시도하고자 한다.

2. 선·사랑·자비의 대화

① 철인론哲人論·기독론基督論·불신론佛身論

본 장에서는 세 이론의 공통점을 기독론과 불신론을 중심으로 고찰하고 자 한다. 왜냐하면 철인론은 기독론과 불신론처럼 이론으로 체계화되지 않 았기 때문이다. 그렇다고 해서 이 세 이론의 비교와 연구가 불가능한 것은 아니다. 필자는 기독론과 불신론의 공통점을 찾아내고, 최종적으로 이러한 공통점을 철인론이라는 지평이 공유할 수 있는지 비교·검토하는 방법을 택하려고 한다. 물론 차이점에 대해서도 동일한 방법을 적용하기로 한다.

필자가 대범하게도 이러한 관점을 취할 수 있는 이유는 앞서 언급한 것 과 같이 플라톤의 <동굴의 비유>에 나타난 학문적 이상을 완성한 철인과 <제4복음서>에 나타난 예수의 역사적 자기 이해가 구조적으로 동일한 패 턴을 나타내며, 그로 인해 두 지평 모두에 [상승·하강]의 형이상학적 배경 이 있음을 확인했기 때문이다.

ⓐ 공통점

솔직하게 고백하면, 공통점을 중심으로 세 가지 이론을 고찰하는 것은 그리 간단하지 않다. 왜냐하면 지금까지 세 가지 이론에 대한 체계적인 비 교·연구가 없었고, 특히 기독론과 불신론의 경우는 비교·연구 자체가 갈등 으로 확산될 가능성을 가지기 때문이다.

특히 지금까지 비교종교학에서 이루어지던 단순비교의 방법은 두 지평에 대한 심도있는 논의와 이해보다, 오히려 어느 한쪽의 우월성을 자랑하는 교권수호적 경향으로 흘러 오히려 수많은 오해와 갈등을 빚어왔다. 그 대표적인 예가 각 지평의 이상적 인간상을 지칭하는 개념인 기독론의 '그리스도'와 불신론의 '붓다'이다.

흔히 비교종교학에서 '붓다'라는 용어는 보통명사로, '그리스도'는 예수를 가리키는 고유명사로 규정한다.[191] 그러나 이는 단순비교로 성립된 오해로, 앞설 살펴본 기독론을 중심한 논쟁이나, <제4복음서>에 나타난 예수의 역사적 자기 이해, 그리고 영지주의 등 몇몇 내용들만 살펴보더라도 어렵지 않게 이해할 수 있다. 어찌 보면 이러한 단순도식에 의한 오해로 지금까지 두 지평 간의 생산적 대화의 장이 단절되었을지도 모른다. 그렇다고 해서 여기서 생산적 대화를 위해 전혀 근거없는 주장으로 단절된 연결고리를 회복하자는 것은 아니다. 다만 다중심주의多中心主義에 살고 있는 지금, 그동안 잊혀져왔거나 혹은 비주류로 여겨져왔던 또 다른 관점에서 문제의 핵심을 바라보자는데 그 의의가 있다.

그렇게 본다면 불신론과 기독론 사이에 생산적 대화가 가능하려면 기독론의 오해에서부터 시작되어야 할 것이다. 어떻게 보면 기독론에서 비주류로 여겨왔던 아리우스의 주장이 오늘날까지 그 생명력을 이어가고 있기에, 이는 오해의 정정이 아닌 관점의 이동이라고 할 수 있다. 아리우스의 주장과 그가 사상적 젖줄을 대고 있는 영지주의의 관점에서 보면, 예수는 인간적 존재에서 상승의 과정을 통해 그리스도가 되었으며, 그를 통해 하강의 과정으로 전도를 수행했다. 그리고 이러한 '그리스도 됨'의 가능성은, 현재 기독교계에서 말하는 예수만의 것이 아닌 누구나 가질 수 있는 보통명사가 되었다. 따라서 누구나 상승의 과정을 통해 그리스도가 될 수 있다. 이것이 바로 아리우스가 주장한 기독론의 핵심적 관점이다.

이렇게 본다면 붓다와 그리스도는 매우 밀접한 친연관계를 갖는다. 그리고 그동안 이질적 개념이라 규정되어 불가능한 것으로 여겨지던 불신론과 기독론의 대화가 심층적·입체적으로 가능해진다. 그렇다면 이 두 지평 간의 공통점은 무엇일까?

두 지평 모두에 [상승·하강]의 형이상학적 배경이 존재한다는 것은 이미 거시적 관점에서 확인·확증하였다. 예컨대 상승의 과정을 통해서 획득되는 보편적 상相—이를 법신法身이라고 부르던, 그리스도Christ라고 명명하던 내용에 있어서는 차이가 있을지라도 그 구조적·형식적 측면에 있어서는 동일하다—, 그리고 그러한 보편적 상을 중심으로 이루어지는 하강의 과정—그것을 화신化身이라 부르던, 역사적으로 예수라 명명하던 내용에 있어서는 차이가 있을지라도 그 구조적·형식적 측면에 있어서는 동일하다—, 그리고 필자가 [상승·하강]의 형이상학적 배경에 제시했던 전제들이 있다.

① '상승'에는 반드시 '지금 여기'로부터의 초월적 의미가 포함되어야 한다.

② '상승'을 전제하면 그 세부 내용에 있어서는 차이가 있을 수 있지만, 구조상 이분법적 구조를 가지게 된다.

③ '상승'은 자리, '하강'은 이타 중심적이다.

④ '하강'은 반드시 '상승'을 통해서만 성립한다.

⑤ '상승'을 완성한 이는 '하강'의 과정을 통하여 다른 이들에게 '상승'을 연결시켜주는 중간적 중재자가 된다.

불신론과 기독론의 공통점은, 결국 비주류로 규정되었던 아리우스 기독론에 대한 오해를 푸는 과정에서 찾을 수 있다. 그리고 기독교 역시 일반적종교학 관점에 의해 해석된 신앙종교의 모습만이 아닌 수행종교의 모습을발견함으로써 그 지평을 더욱 풍부하게 할 것이라 생각한다.[192]

지금까지 불신론과 기독론의 공통점에 대해 살펴보았다. 공통점의 초점은 '이상적 인간상의 성취'가 모든 인간에게 열려져있는가의 여부였다. 다시 말해 각 지평이 추구하는 이상적 인간상의 명칭이 보통명사인지 혹은고유명사인지에 대한 확인이다. 이러한 관점에서 볼 때 철인론 역시 불신론과 기독론의 공통점을 공유하는 것으로 보인다. 왜냐하면 철인 역시 보통명사이기 때문이다.[193] 그리고 철인론도 불신론과 기독론이 가지는 공통점을 모두 가지고 있다고 보여진다. 이는 각 지평별로 [상승·하강]의 형이상학적 배경의 전제 유·무를 검토하면서 이미 밝힌 바 있다.

그렇다면 세 지평이 갖는 차이점은 무엇일까? 세 지평의 궁극적 대화는결국 공통점보다 차이점으로 이루어질 것이다. 왜냐하면 이 차이점에 의해미시적으로는 철인론·기독론·불신론, 서양철학·기독교·불교의 차이를 이해하고, 거시적으로는 헬레니즘Hellenism, 서양철학과 헤브라이즘Hebraism, 기독교으로 대표되는 서양 문명과, 불교라는 강력한 토대로 형성된 동양 문명의 차이를 이해할 수 있게 되기 때문이다.

ⓑ 차이점

철인론哲人論·기독론基督論·불신론佛身論은 공통점보다 차이점을 열거하는 것이 오히려 현재의 연구성과들과 일치한다. 그러나 필자는 [상승·하강]이라는 형이상학적 배경의 전제 유·무를 두고 지금까지 이 세 이론, 나아가 세 지평이 친연성을 밝혔다. 물론 그 공통점은 바로 형이상학적 배경이다. 그러나 이러한 구조적 틀의 친연성에도 불구하고 세 이론에는 많은 차이점이 존재한다. 여기서는 세부적인 차이점 보다 본질적인 차이점을 중심으로 고찰하고자 한다.

필자는 철인론·기독론·불신론의 가장 중요한 차이점으로 '자리의 이타화', 바로 전도의 필연성을 꼽고자 한다. 다시 말해 앞서 불신론에서 강조한 자타일여의 정신을 담지한 수용신의 유·무이다.

우리는 앞에서 3신설의 핵심인 자타일여의 정신을 특징으로 하는 수용신이 존재하기 때문에 깨달음과 중생교화의 필연성과 당위성이 확보된다는 것을 알 수 있었다. 그러나 기독론에서는 이러한 수용신에 해당하는 내용을 찾아볼 수가 없다. 이것은 기독론에서는 [상승·하강]의 필연성과 당위성이 확보되지 않는다는 의미이다. 불교 용어로 설명한다면 내증과 내증의 외증화, 깨달음과 중생교화의 필연성이 확보되지 않기 때문에, 다시 말해 나自와 타자他가 같지 않으므로, 기독론에서는 깨달음을 얻은 사람과 깨달음을 얻지 못한 사람 사이에 일종의 권력관계가 성립된다. 즉 '나는 깨달았고, 너는 깨닫지 못했다'는 식의 계급이 생기는 것이다. 그렇기 때문에 하강의 과정에서 깨닫지 못한 사람이 깨달은 사람에 종속되는 일방적 관계가 만들어진다.[194]

이러한 사례는 기독교 문화 속에서 어렵지 않게 발견할 수 있다. 예컨대 예수 자신이 본인을 목자pastor라 하고 중생은 양sheep으로 보는 관점, 니체의 진단을 빌린다면 예수 생애의 마지막, 십자가에 달리면서 끝까지 예수 자신은 알고 본인을 십자가에 달리게 한 대중들은 알지 못한다는 관점

등이 그렇다. 하나님을 사랑하고 우리의 이웃을 내 몸과 같이 사랑하는 것을 지상 최대의 황금률로 강조하며 성립된 기독교라고 하더라도 타자를 사랑해야 할 당위성을 확보하지 않는 이상, 사랑을 둘러싼 권력관계는 피할 수 없는 숙명이다.

물론 기독론에서 여기에 대해 이렇게 반론할 수 있다. 상승의 과정을 통해 신神이라는 궁극적 지智에 도달하고, 그 지로 인해 인류 모두가 신을 부모로 모시는 한 형제임을 깨달아, 형제인 인류에 대한 사랑의 필연성과 당위성이 확보된다는 주장이다. 그러나 이러한 반론 역시 앞서 검토한 불신론-수용신의 의미를 생각해본다면 그 한계를 드러낸다. 왜냐하면 기독교에서는 그 사랑의 대상이 인간존재에 국한되기 때문이다. 그런 의미에서는 동물과 식물 등 피조물은 천주의 중심인 인간을 위한 도구요 수단이다.[195] 이는 불교식의 사유에서는 이해할 수 없는 발상이다. 그렇다면 철인론은 어떠할까? 철인론에는 [상승·하강]의 필연성과 당위성을 확보하는 불교의 수용신과 같은 사상이 존재할까?

플라톤의 철학에는 철인에 대한 본질을 탐구하는 체계적 이론 자체가 존재하지 않는다. 그리고 플라톤의 학문적 이상을 담지하고 있는 <동굴의 비유>에서도 그 내용을 찾아볼 수가 없다. 따라서 우회적이지만 플라톤의 철학 가운데 이러한 내용을 유추할 수 있는 부분을 살펴봄으로써 질문에 대한 답을 제시하고자 한다. 그러기 위해 다시 한번 플라톤의 학문적 이상에 대해 살펴보기로 하자.

플라톤의 학문적 이상은 앞서 지적한 것처럼 강력한 종교적 신념[올페우스교]의[196] 영향 속에서 출발했다. 따라서 그의 사상의 전반적 흐름은 종교적 성향을 띠고 있으며, 특히 <동굴의 비유>에서 학문적 이상을 성취한 자는 흡사 종교의 지도자를 연상시킨다. 상승의 과정을 통해 [동굴 밖]으로 나가 햇빛이 비치는 실물세계와 종국적으로는 해 그 자체를 바라보고 모든 것을 깨달은 이, 그는 깨달음을 자신만의 독각獨覺으로 남겨두지 않고 어둠 속에 살고 있는 대중들을 위해 계몽화啓蒙化·이타화利他化라는 역사적 결단을 하고, 예언자적인 사명을 안고 다시 하강한다. 그리고 암흑의 동굴 속에 갇혀있는 동료들에게 진리를 선포하고 진리를 믿지 않는 사람들에게 진리를 역설하다 도리어 그들에게 핍박을 받고 죽음을 맞이한다. 이런 <동굴의 비유> 원문에는 빛에서 어둠으로 들어가는 하강의 과정에서 갑자기 컴컴한 동굴에 눈이 적응하느라 곤욕을 치루는 장면이 자세히 묘사되기도 했다. 그러나 곤욕과 궁극적으로 자신의 죽음을 예상하면서도 위험을 무릅쓰고 다시 하강의 과정을 수행하는 것은, 바로 [동굴 안]의 죄수들로 하여금 사슬을 풀게하고 동굴을 탈출하여 궁극적 자유를 얻게 하려는 동료들에 대한 '사랑'이라는 원동력의 결과였다. 그렇다면 플라톤의 이러한 학문적 이상 가운데에도 학문과 계몽화[이타화]의 필연성과 당위성을 담보해 줄 자타일여의 사상이 존재하는가?

대답은 '없다.'

앞서 불신론과 기독론의 공통점을 중심한 대화에서 불교의 수용신[자타일여]이 없는 기독론의 경우 '깨달은 사람覺者'과 아직 '깨닫지 못한 사람不覺者'과의 권력관계가 형성됨을 살펴본 적 있다. 이와 마찬가지로 만약 플라톤의 사상에 있어 학문적 이상을 완성한 철인론에 있어서도 수용신[자타일여]이 존재하지 않는다면, '깨달은 철인'과 '아직 깨닫지 못한 대중' 사이에는 권력관계가 성립된다는 것을 유추할 수 있다. 플라톤 철학의 이러한 경향은 그의 정치사상 속에서도 찾아볼 수 있다.

플라톤은 그의 정치사상에서 이상적 국가에서는 궁극적으로 이데아 가운데 가장 최고의 이데아인 선의 이데아―<동굴의 비유>에서 '해'―를 본 '가장 선한 자', 곧 '철인[철학자]'이 통치자가 되어야 한다고 설명한다.

> ··· 즉 통치자는 모든 사람들이 지향해야할 善의 이데아idea에 대한 대표적 해석자이며, 중재자 인 것이다. 실상 그의 국가관에서 핵심이라고 할 수 있는 '정의' 또한 오늘 날 많은 학자들은 단순히 국가의 통치적 기반의 '올바름'이라기보다는 인간의 도덕적 기존이라고 보는 것이 타당하다고 주장한다. 그리고 '폴리스'를 '도시국가'가 아닌 '공동체community'라는 용어가 적합하다고 주장한다. 따라서 플라톤에게 있어서 이상적인 국가라는 것은, 이상적인 도덕적 기준이 기반이 되는 공동체인 것이다···. 가장 선善한자, 즉 가장 완전한 자[곧 철인·철학자]가 통치자가 되어야 한다고 플라톤은 생각한다.[197]

그런데 다음의 설명은 이러한 통치자統治者에게 부여한 막강한 권력을 설명해준다.

> 국가에 있어 가장 중요한 것은 정의正義이다. 정의란 무엇인가? 플라톤에게 정의란 올바름, 즉 국가, 인간, 법률 및 제도 등에 포함되어 있는 모든 것들이 '참'이여야 하고 이상적인 질서에 알맞은 것이어야만 한다는 뜻이다. 즉 그것은 사람들이 하고자 하는 것이 아니라, 당연히 해야 할 의무인 것이다. 그럼 그러한 당위이자, 모든 국가 조직의 이상적 목표가 되는 정의는 인식될 수 있으며, 그것이

가능하다면 누구에 의해서인가? 이 질문에 플라톤은 아마 정의는 인식될 수 있으며, 가장 선 한자, 철인에 의해 인식될 것이라고 대답할 것이다. "철인이 왕이 되거나, 왕이 철인이 되지 않고서는 백성들의 불행은 그칠 날이 없을 것이다." 그 '가장 선한 자'는 전능자 일 것이다. 그 이유는 그가 가장 큰 세력을 쥐고 있기 때문이 아니라, 자기의 지혜와 윤리적인 의지를 통해서 완전히 정의를 옹호하는 사람으로 되어 있기 때문이다. 그 사람은 개인적으로 말을 하는 것이 아니라, 정의 자체가 그 사람을 통해서 말해지고 있는 것이다. 따라서 그에게 일단 권능이 주어지면 그것은 한계 지워질 수가 없다. 즉 아무도 그가 알고 있는 선에 대한 평가를 내릴 수 없기 때문이다. 그리고 때로는 그의 의견을 주장함에 있어 사형까지 선고할 수 있다고 주장하는데, 플라톤은 이런 것을 개인의 자유를 침해하는 것이라고 생각하지 않는다.[198]

위 내용은 '깨달음 사람'과 '아직 깨닫지 못한 사람'과의 권력관계를 암시한다. 왜냐하면 '아직 깨닫지 못한 사람'은 '깨달음 사람'이 알고 있는 선에 대한 평가를 내릴 수 없기 때문이다["아무도 그가 알고 있는 선善에 대한 평가를 내릴 수 없기 때문이다"]. 그렇기 때문에 통치자에게 주어진 권능은 한계가 없으며["그에게 일단 권능이 주어지면 그것은 한계 지워질 수가 없다"], 심지어 자신이 해석한 '선'을 주장함에 있어서는 사형까지 선고할 수 있다고 말한다. 게다가 이러한 제재가 개인의 자유를 침해하는 것이 아니라고 하는 위의 구절은["그리고 때로는 그의 의견을 주장함에 있어 사형까지 선고할 수 있다고 주장하는데, 플라톤은 이런 것을 개인의 자유를 침해하는 것이라고 생각하지 않는다"], '깨달은 사람'과 '아직 깨닫지 못한 사람'

과의 권력관계를 당연한 것으로 받아들이는 모습을 보여준다. 어찌하여 사람의 목숨을 빼앗는 사형이 개인의 자유를 침해하는 것이 아니란 말인가.

플라톤은 대답한다. '그는 진리를 알고 나는 알지 못하기 때문이다.' 이는 상기에서 지적한 기독교의 '깨달은 사람'과 '아직 깨닫지 못한 사람'과의 권력관계와 정확히 일치한다. 따라서 이러한 내용을 통해 플라톤 사상에 있어 학문의 이상을 완성한 철인론에는 불교에서의 자타일여를 토대로 하는 수용신 사상이 없음을 유추할 수 있다.

수용신을 중심으로 한 세 지평의 차이점은, 세 체계의 유사성과 차이점만 단순하게 나열하여 혼란을 가중시키는 비교를 넘어, 세 지평의 생산적 대화를 위해 각자의 영역 속에서 전개되어 온 특정 문제의식과 의도들을 견주어 보는 것으로 상호보완하여, 보다 풍부한 담론을 형성하는 단초를 마련하였다.

이러한 근본적 차이점 이외에도 많은 세부적 차이점들이 존재하지만, [상승·하강]의 형이상학적 배경을 중심으로 상세한 설명은 차치하고, 다른 두 지평과 달리 불교지평만이 갖는 독특한 내용을 간략히 소개하고 본 장을 마치고자 한다.

① [상승·하강]의 과정 가운데, 상승에는 반드시 '지금 여기'로부터의 초월적 의미가 포함되어야 한다. 불교에서도 '지금 여기'로부터의 초월, 곧 상승을 위한 당위적 요청인 윤회 등이 전제되기도 하지만, 불교에서의 초월은 이 세상을 부정하지 않는다. 불교에 있어 상승의 과정은 오히려 이 세상을 철저하게 긍정한다.

② 상승을 전제하면 구조적으로 [상승·하강]의 이분법적 구조를 갖

게 되지만, 불교에서는 깨달음을 의미하는 무분별지에 의해 더이상 이분법적 분별이 존재하지 않는다. 즉 차안此岸과 피안彼岸, 진제眞諦와 속제俗, 붓다佛와 중생衆生, 지옥地獄과 극락極樂 등 이러한 이분법적 구분은 승의제勝義諦가 아닌 세속제世俗諦에서만 존재한다[길장吉藏의 삼론현의三論玄義].

③ 일반적으로 [상승·하강]의 과정 가운데 상승은 자리 중심적이며 하강은 이타 중심적이다. 불교에서 자리와 이타에 대한 구별은 오직 깨닫기 전의 과정에서만 존재한다. 즉 깨달음을 얻은 뒤에는 자리와 이타는 자타일여가 된다. 이러한 자타일여에 그 기초를 둔 불교의 하강[慈悲]은 그 범위가 인간존재를 넘은 일체유정으로, 인간에 대한 사랑만을 강조하는 서양철학과 기독교를 넘어서는 대안적 사상이 될 수 있다.

④ 상승을 완성한 이는 하강의 과정을 통하여 다른 이들을 상승으로 연결시켜주는 중재자가 되는데, 불교에 있어서 상승을 완성한 이는 더 이상 분별이 존재하지 않기에 이러한 중간자적 중재자라는 의식이 없다─이는 『도행반야경道行般若經』의 <도행품道行品>을 보면 "보살은 무량무수의 중생을 완전한 열반으로 이끌어 들인다, 그러나 거기에는 열반에 들어간 사람이 한 사람도 없고 또한 그들을 이끈 사람도 없다. 이와같이 듣더라도 놀라지 않고, 크게 두려워하지 않으며, 큰 두려움에 빠지지 않는다면 그는 보살·마하살이다"─ 잘 나타나 있다. 상승을 완성한 이에게는 이러한 분별이 존재하지 않기 때문이다. 따라서 불교에서 중재자에게는 '깨달은 사람'과 '아직 깨닫지 못한 사람'에 대한 분별로 인하여 생기는 권력의 종속관계가 성립되지 않는다.

② 대화

지금부터는 이제까지 고찰한 내용들을 중심으로 선·사랑·자비의 대화를 시도하고자 한다. 대화의 전제는 앞서 살펴본 불교의 불신론과 여타의 지평들을 가르는 분기점인 '자타일여'의 정신에 토대를 둔 수용신에 있다.

앞서 고찰하였듯이 불신론에는 수용신[자타일여]이 존재하고, 여타의 지평 속에는 수용신 존재하지 않는다. 이는 선·사랑·자비의 차이점을 설명하는데 있어서도 중요한 단초가 된다. 왜냐하면 선·사랑·자비가, 외형상 '사랑'이라는 측면에 있어서는 유사하고, 아울러 세 지평에서 상승을 통한 하강—내증의 외증화, 학문을 통한 계몽화, 자리의 이타화·사회화·복음화 등—의 과정을 수행하게 한 원동력이라는 점에서 공통되지만, 궁극적으로 자리와 이타의 필연성과 당위성을 설명하는 부분에 있어서는 명확한 차이를 드러내기 때문이다.

결론적으로 말한다면 오직 불교의 자비만이 자타일여의 정신에 뿌리내리고 있다. 따라서 자비와 선·사랑이 갖는 차이점은 결국 자타일여 사상의 유·무에 따른 결과인 권력관계의 유·무라고 할 수 있다. 다시 말해 표면상으로 볼 때 선·사랑·자비, 이 세 개념 모두 그 개념을 탄생시킨 지평에서 '사랑'이라는 옷을 입고 있다 하더라도 이는 표면상 공통점일 뿐이다. 그 근본에 있어서는 자타일여의 정신이 존재하지 않는다면, 동일한 '사랑'이라 하더라도 그 이면에는 힘을 전제한 권력의 관계[상승한 자와 아직 상승하지 못한 자]가 암암리에 존재한다.

아울러 선·사랑·자비는 그 대상과 범위에 있어서도 명확한 차이점을 가진다. 이미 앞서 3장에서 고찰하였듯이, 선과 사랑은 그 적용대상과 범위가 인간존재에 국한되는 반면, 자비는 그 적용대상과 범위가 인간존재를 넘어 일체유정[=뭇 생명]으로 규정된다.

지금까지 공시적 관점을 중심으로 선·사랑·자비의 대화를 시도하였다. 외견상 세 지평 모두 '사랑'이라는 공통된 기반을 가지고 있지만, 그 적용대상이나 범위, 그리고 내포하는 기의 등을 검토했을 때, 매우 이질적 개념임을 확인할 수 있었다. 그러나 이는 어디까지나 필자의 이해 속에서 이루어진 것일 뿐, 객관적으로 검증된 정설은 아니다.

사실 서양철학·기독교·불교, 이 세 지평은 완전히 이질적이라는 막연한 선입관 때문에 유사성과 차이점을 단순 나열하는 비교·연구 외에는 그 어떤 새로운 시도도 시도할 수 없었다. 그렇다고 필자의 연구결과가 독창적이고 탁월하다는 말을 하고 싶은 것이 아니다. 다만 하루가 다르게 단일지평을 형성해가고 있는 오늘, 과거와 달리 불교라는 토양에 사상적 탯줄을 대고 있는 우리 후학들이 시대에 맞는 새로운 해석과 도전을 해야만 한다는 것을 말하고 싶다.

이는 2,500여년 전 '내증의 외증화'라는 석존의 역사적 결단 속에 탄생된 불교가 가지는 필연적 운명이다. 재세 시의 언어로, 재세 시의 삶의 방식으로, 재세 시의 시대가 가지는 문제의식을 내증으로 외증화하였던 석존의 근본정신이 지속적으로 불교 토양 속에 구체화되고 또 결실맺기를 기대하며, 공시적 관점을 중심으로 한 '자비의 윤리'의 해석을 마치고자 한다.

3. 현대사회에 던지는 '자비의 윤리'의 의미

이 책의 목적은 '자비의 윤리'의 원론적·근본적 관점에서의 연구와 그 해석에 있으므로, 여기서는 자비의 윤리가 현대사회에 어떠한 의미를 던질 수 있는지에 대해 언급하고, 간략히 진단하고자 한다.

'자비의 윤리'가 현대사회가 지니는 가장 고질적 병폐인 인간중심주의의 극복에 대한 대안을 함축하고 있다는 것은 이미 확인하였다. 이러한 대안적 가능성은, 현재 인간의 생존을 위협하는 가장 커다란 요인인 생태계 문제에서도 큰 화두를 제시한다.

서두에서 밝혔듯이, 현대문명의 가장 큰 위기는 한스 요나스가 지적한 바와 같이 철저한 인간중심주의가 낳은 부작용, 바로 말 없는 피조물들의 경고 메시지에 있다. 이들의 경고는 오늘날 불교 뿐만아니라 모든 종교계·정치계·학계 등 여러 지평의 공통된 화두이기도 하다. 생태계의 위협은 단순히 인간 삶의 질적 하락만을 의미하지 않는다, 이는 인간의 생존 자체를 위협하는 문제이며, 인류가 가장 우선적으로 해결해야 할 시급한 문제이다. 종교계·정치계·학계를 막론하고 이러한 문제의 원인은 바로 인간중심주의에 있음을 지적한다.

피조물 가운데 인간만이 유일하게 절대적 고귀성을 가지며 인간만이 특권을 누려야 하며, 여타의 존재는 호모사피언스 종種을 위해 철저하게 희생 당하는 도구적 존재라는 주장, 이러한 인간중심주가 오늘날 생태계 문제의 원인이라는 데에는 이견이 없다. 그렇다면 이러한 인간중심주의 기원은 어디서부터인가? 이에 대해서는 3장에서 이미 고찰한 바 있다.

윤리적 혹은 철학적 전통에서 원인을 찾는다면 하이데거의 진단처럼 데카르트의 '절대개인의 존재론'과 그를 통한 '표상적 사유', 그리고 '실천론' 등으로 압축할 수 있으며, 종교적 전통에서 원인을 찾는다면 린 화이트의 진단처럼 <창세기>에 기반한 인간중심주의와 인간과 인간 외의 피조물같에 생긴의 지배·소유관계 등으로 압축할 수 있다. 그러나 그 지엽적 원인이 무엇이든 결국 생태계 문제는 인간중심주의로 귀결된다. 따라서 생태계 문제를 해결하기 위해서는 인간중심주의를 어떻게 극복할 것인가에 그 답이 있다. 그렇다면 '자비의 윤리'는 인간중심주의 극복을 위해 어떠한 처방전을 내릴 수 있을까?

 이에 대해서는 앞서 충분한 설명을 했기에 더 이상의 설명이 필요 없을 것 같다. 자비가 가지고 있는 범위와 의미 등 이미 모든 고찰 속에 인간중심주의 극복에 대한 처방전이 존재한다. 그렇기에 '자비의 윤리'는 인간중심주의가 만들어 낸 질병의 가장 강력한 처방전이다.

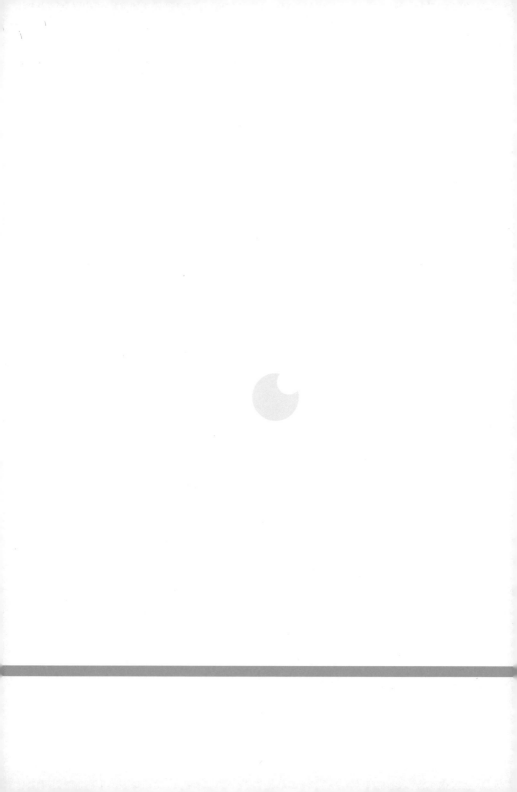

5
마치며

불교를 설명하는 대표적 정의 중 하나는 '자비慈悲의 종교宗敎'이다. 일반적이고, 흔히 쓰는 표현이지만 이처럼 불교의 이상을 정확하게 담아낸 정의도 많지 않다. 여러 경전과 논서에서 "자비慈悲는 불도佛道의 근본이다.", "자비慈悲는 붓다 그 자체이다." 등의 표현을 볼 수 있으며, "불교와 자비는 동의어이다."라고 했던 독일의 사회학자 막스 뮐러의 표현에도 쉽게 공감할 수 있다. 근대의 서양철학자 버틀란드 러셀Bertrand Russel은 그의 명저 『서양철학사』에서 불교의 자비에 대해 각별하게 언급하기도 했다. 러셀 역시 불교의 특징을 '자비'로 이해했기 때문이다.

이처럼 불교지평에 있어 '자비'의 중요성은 아무리 강조해도 지나치지 않는다. 게다가 오늘날 유목민과 같은 삶을 살아가는 현대인은 '사랑'과 같은 의미를 품은 '공감'이라는 말에 열광한다. 덕분에 인간존재를 넘어 일체유정에 대한 공감을 전제로 하는 '자비'의 가치는 수많은 석학들의 주목을 받는다. 이러한 시대정신을 감안할 때, '자비'에 대한 고민은 단순히 이를 언급하는 경전의 몇 개 구절을 분석하고, 대안을 내놓는 단순한 연구로는 부족하다. 우리가 살고 있는 시대는 '인간과 공동체의 선한 삶의 방향에 대한 이데올로기의 부재'라는 절박한 과제를 안고 있다. 이제 그 대안으로, 인간중심주의를 넘어서는 자비 사상의 참된 의미에 대한 체계적 연구와 정립이 수행되어야 할 것이다.

자비란 무엇인가?

현대사회에 자비는 어떤 의미를 주는가?

이것은 경전 속에 묻혀진 사문死問이 아닌, 우리의 역동적인 삶 속에서 끊임없이 던져야 할 활문活問이다. 예로부터 전승되어오던 자비에 대한 전통적 해석을 넘어 '붓다 근본정신으로의 회향'이라는 대전제 아래, 중생의 안락과 행복을 위해 철저히 그들의 삶 속에 살고자 몸부림쳤던 대승의 고민은, 오늘날 우리에게 많은 의미를 던져준다. 이 책은 이러한 대승적 고민에서 출발했다.

인간사회를 지탱했던 도덕이 쇠퇴를 넘어 사라진 시대, 자본에 기반한 온갖 탐욕과 퇴폐, 쾌락과 허영이 일상화된 시대, '위대한 문명의 구축'이라는 환상 속에 그토록 의기양양했던 인간의 지위가 그들이 철저히 개발의 대상으로만 보았던 무언無言의 피조물被造物들에 의해 몰락당하고 있는 시대, 인간중심주의적 이데올로기에 대한 대치對治가 모든 사상가와 비평가들에게 공통된 화두가 되어버린 시대, 이러한 시대를 사는 우리에게는 나만의 삶이 아닌, 시대와 함께 아파하고 시대와 함께 살아가는 대승적 삶에 대한 고민이 필요하다.

자타일여의 정신에 뿌리는 두는 '자비', 단순한 인간존재를 넘어서 일체유정, 물 한방울과 같은 뭇 생명에 대한 배려와 연민까지 포함하는 '자비'의 참된 의미는 오늘날 우리들에게 많은 것을 생각하게 한다. 그러니 자비가 이 시대에 던지는 경종의 메시지는 비단 불교만의 유산으로 간직되어서는 안 될 것이다.

지금까지 부족하지만 필자의 이해와 대승적 고민을 바탕으로 '자비의 윤리'를 해석하고, 그 정초를 위해 논의를 전개했다. 여러모로 미진한 과정이었음을 고백한다. 그럼에도 이러한 논의를 전개한 것은, 득도得道를 완료형으로 보지 않고 중생교화의 과정까지 득도의 과정으로 바라보며 끊임없이 중생들과 소통·공감했던 석존의 근본정신에 대한 회향과 감사 때문이다.

마지막으로 '내증의 외증화'라는 석존의 역사적 결단 속에 꽃피운 불교의 근본정신이 모든 시대마다 대기對機의 설법說法으로 그 시대 가장 뛰어난 가르침이 되기를 서원하며, 이 책을 갈음하고자 한다.

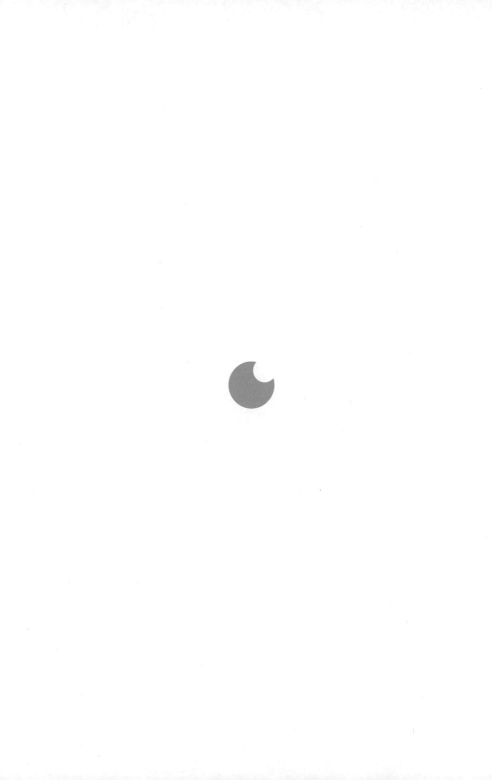

【참고문헌】

경전

『대지도론大智度論』27권. T.25.
『대비바사론大毘婆沙論』1권. (한글대장경 118)
『아비달마법온족론阿毘達磨法蘊足論』7권. T.26.
『아비달마구사론阿毘達磨구사론』27권. T.29.
『증일아함경增一阿含經』23권. T.2.
『잡아함경雜阿含經』27권. T.2.
『복개정행소집경福蓋正行所集經』, T.32, p. 744 中
『불위수가장자설업보차별경佛爲首迦長者說業報差別經』. T.1.

단행본

강영안.『주체는 죽었는가』서울: 문예출판사, 1997.
권오민 譯註.『아비달마구사론』서울: 동국역경원, 2002.
권오민.『有部阿毘達磨와 經糧部哲學의 硏究』서울: 경서원, 1994.
권오민.『아비달마불교』서울: 민족사, 2003.
김동화.『原始佛敎思想』서울: 선문출판사, 1983.
김용옥.『노자 철학 이것이다』서울: 통나무, 1998.
김용옥.『東洋學 어떻게 할 것인가?』서울: 통나무, 1998.
김용옥.『切磋琢磨大器晚成』서울: 통나무, 1994.
김영식.『과학혁명』서울: 아르케, 1999.
김영운.『조직신학개론』서울: 主流一念, 1991.
김영필.『현상학의 이해』울산: 울산대학교 출판부, 1998.
김태길.『윤리학』서울: 博英社, 2000.
김태길 外 지음.『우리시대의 윤리학: '지식정보화시대의 윤리와 부작용'』서울: 예림, 2001.
카지야마 유이치/권오민 譯.『인도불교철학』서울: 민족사, 1990.
구스타보 구티에레스/김명덕 譯.『우리는 우리의 우물에서 마신다: 민중의 영적 여정』서울: 한마당, 1986.
루돌프 불트만/허역 譯.『요한복음서 연구上.下』서울: 성광문화사, 1979.
루돌프 불트만/허역 譯.『신앙성서신학』서울: 성광문화사, 1976.
마스터성경편찬위원회.『마스터성경』서울: 성서교재간행사 0000.
박종현 譯.『국가』서울: 서광사, 1997.
서양근대철학회 엮음.『서양근대철학』서울: 창작과 비평사, 2001.
스탠린 그렌츠/신원학 譯.『기독교 윤리학의 토대와 흐름』서울: 한국기독학생회출판부, 2001.
양명수.『녹색윤리』서울: 서광사, 1997.
이상돈.『환경위기와 리우회의』서울: 대학출판사, 1993.
오형근.『印度佛敎의 禪思想』서울: 한성출판사, 1992.
임봉길 外.『구조주의 혁명』서울: 서울대학교 출판부, 2000.
이기상.『하이데거의 존재 사건학』서울: 서광사, 2003.

이기상.『철학노트』서울: 까치글방, 2002.
이기상.『하이데거의 존재 사건학』서울: 서광사, 2003.
이건표.『비트겐슈타인의 철학과 마음』서울: 자유사상사, 1992. 작나무, 1997.
요한네스 힐쉬베르거/강성위 譯.『서양철학사 上』서울: 이문출판사, 1999.
조석만.『현대신학』서울: 1992, 성광문화사.
조용훈.『동.서양의 자연관과 기독교 환경윤리』서울: 대한기독교서회, 2002.
진교훈.『현대사회 윤리 연구』서울: 울력, 2003.
최종희, 김영철 共著.『大學敎養倫理』
해주스님.『불교교리강좌』서울: 불광출판부, 1996.
한국사상연구소.『삼국통일과 한국통일 上권 "統一大綱論"-김용옥-』서울: 대신문
梶山雄一 外/鄭承碩 譯.『대승불교개설』서울: 김영사, 2001.
平川彰/이호근 譯.『인도불교의 역사 上』서울: 민족사, 1989.
Bertrand Russell/김영철 譯,『결혼과 도덕에 관한 10가지 철학적 성찰』서울: 자작나무, 2011.
G.C 필드/양문흠 譯.『플라톤의 철학』서울: 서광사, 1986.
G.E. Moore,『Principia Ethica』(Cambridge University Press, 1956
Hannah Arendt.『The Humman condition Chicago』University of Chicago Press, 1958.
Martin Heidegger. Was ist Metaphysik?, Frankfurta.M./이기상 譯.『형이상학이란 무엇인가』
서울: 서광사, 1995.
M.Heidegger, Der ursprung Kunstwerkes, in Horlzwege, 1972.
M.Heidegger/이기상 譯.『기술과 전향』서울: 서광사, 1993.
M.Hemananda.『Nature & Buddhism』Deliwala: Global Graphics & Printing Ltd., 2002.
Mary Evelyn Tucker and John A. Girm ; 유기쁨 譯.『세계관과 생태학』서울: 민들레 책방, 2003.
H. 요나스/이진우 譯.『책임의 원칙: 기술 시대의 생태학적 윤리』서울: 서광사, 1994.
H. Oldenberg.『Aus dem alten Indien, S. 3-4』

사전류

민중서관.『철학소사전』서울: 현음사, 1983.
성균서관.『세계철학대사전』서울: 성균서관, 1977.
임석진.『철학사전』서울: 이삭, 1986.
엘리자베스 外(이정우 譯).『철학사전』서울: 도서출한 동녘, 2000.
鈴本學術財團編,『漢譯對照梵和大辭典』東京: 講談社 照和 62年.
望月信亭.『望月佛敎大辭典』東京: 世界聖典刊行協會, 1974.
許愼.『說文解字』<段玉栽註本>.
中村元.『新佛敎語原散策』東京: 東京書籍.
Monier Williams.『Sanskrit-English Dictionary』Oxf, Univ. press, 1989, rep 1956.

논문 및 기타

박이문,「뉴 밀레니엄의 문명 패러다임과 禪」(<德崇禪學> 2, 한국선학원.무불선원)

신성현,「佛敎의 不殺生戒와 現代倫理」동국대학교 BK21 학술논문.

신성현,「現代文明과 古典倫理學, 그리고 그 佛敎的 批判」佛敎學報

제 2회 불교생태학 세미나,「자연, 환경인가 주체인가」불교문화연구원, 2003.

제 5회 한.일 불교문화 국제학술회의,「불교에 있어서의 자비 -현대사회의 대응-」동국대학교 석사학위논문, 1975.

「인간과 자연환경」<현대와 종교> 10 현대종교문제연구소, 1987.

森山淸徹, "菩薩思想으로서의 慈悲", 동국대학교.

曹勇吉,「불교윤리사상연구」<惡業의 豫防 및 敎化>,동국대학교 석사학위청구논문.

Lynn White, jr., "The Hiristorical Roots of Our Ecologic Crisis" Science 155(1967).

【주석】

1) H. 요나스/이진우 譯, 『책임의 원칙: 기술 시대의 생태학적 윤리』(서울: 서광사, 1994), p.1 에 서 재인용.

2) 고대·중세·근대로 통칭되는 사관(史觀)의 통사적(統辭的) 공통분모는 너무도 자의적 도식에 의 해 이루어진 거대한 편견의 결과물이다. 왜냐하면 이는 우리가 상식적으로 생각하는 '시간적 구분'이 아니기 때문이다. 고대·중세·근대라는 시간적 구분은 바로 고대·중세·근대이라는 시간 적 구분을 의미 짓고 있는 사회의 모습에 대한 규정 없이는 그 자체의 구분이 불가능한 것이며 무의미한 것이다. 고대·중세·근대의 역사적 구분은 칼맑스가 활약한 시대와 그 영향권 하에서 생겨난 특수한 시대적 담론의 체계를 반영하는 것이며, 노예제·봉건제·자본제라는 3단계 역사 발전론의 배경하에서만 가능한 직선적 시간의 필연성을 가장한 픽션일 뿐이다.

1. 알파	2. 고대	3. 중세	4. 근대	5. 오메가
원시 공산제	노예제	봉건제	자본제	공산제

19·20세기 사가(史家)들이 지당한 것으로 받아들인 이 공식은 사실 독일의 국민경제를 개발시 키기 위한 어떤 지역적 프레임워크가 보편화된 오류로서 인류의 모든 역사를 왜곡시킨 거대한 오류에 속하는 것이다. 왜냐하면 우리는 이러한 시기적 구분의 명확한 근거를 인류 역사의 보 편성의 속에서 찾을 수 없기 때문이다. 가령 봉건제의 예를 들면 인류역사상 봉건제도는 ①중국 주나라의 천자(天子)와 열국(列國)의 제왕(諸王)을 묶는 봉건제도 ②서구 역사에 있어서 로마 제국의 강대한 중앙권력이 몰락하면서 바살리테이트(vasalitat: 은대지제(恩貸地制)와 결합한 주종主從관계)와 임뮤니테에트(Immunitat: 免除權)를 중심으로 등장한 봉건영주제도, 그리 고③일본역사에 있어 전국시대를 거치멘서 에도에 들어와 정착하게 된 바쿠한 제도 이 세 케이 스에 국한된다. 따라서 그 세 케이스 외에 봉건제→자본제의 도식의 수용은 이러한 역사적 구 분이 만들어놓은 편견의 자기 체험화에 불과하다. 따라서 우리가 보편 타당한 것일 받아들이는 역사적 구분은 실은 19세기에 이르러서도 자본제에로의 이행을 하지 못하고(당시 바이마르 공 화국)있었던 독일의 희망의 표출에 불과한 것이다.: 한국사상연구소, 『삼국통일과 한국통일 上 권』(서울: 대신문화사, 1994), pp.78-83.

3) 역사가 단순한 평면적 도식에 의해 기술될 수 없는 복합적인 요소가 다분히 존재하지만, 우리 가 통상 '근대'라고 부르는 시기에는 사회(민주주의), 경제(자본주의), 국가의 형태(민족국가) 등 근대를 가능케 했던 엄청난 시대적 변화가 존재했다. 그 가운데 특히 근대라는 새로운 시 기를 가능하게 했던 원동력은 최초의 직업과학자(이전에는 과학은 철학자나 신학자들이 겸행 하는 일종의 취미에 불과했지만. 근대에 들어서면서 직업으로 삼는 과학자들이 등장하기 시작 했다. 갈릴레오 등과 같이)들에 의해 이루어진 과학혁명(Scientific Revolutions)에 있었을 것 이다. 코페르니쿠스(Copernicus)에서 시작해서 케플러(Johannes Kepler), 갈릴레오(Galileo Galilei) 등을 거쳐 뉴튼(Issac Newton)에서 완성을 본 새로운 천문학 및 우주구조를 비롯해서, 갈릴레오에서 시작해서 데카르트, 호이겐스(Chrisstian Huygens)를 거쳐 역시 뉴튼에서 완 성을 본 고전역학(classical merchanics), 베살리우스(Andreas Vesalius) 이래 계속되 해부 학적 지식과 하비(William Harvey)에 의해 얻어진 피의 순환이론을 통해 자리잡은 생리학, 데 카르트, 페르마(Pierre de Fermat) 등을 거쳐 뉴튼과 라이프니츠에 이른 새로운 수학 등. 이와 같은 과학혁명이 존재하였기에 시대적 전환이 가능하였던 것이다.: 김영식, 『과학혁명』(서울: 아르케, 1999) pp. 15-20.

4) 'Cogito ergo sum'라는 공리로 시작되어지는 데카르트의 철학은 뚜렷한 동기에서 시작되었 다. 그것은 17세기에 등장한 새로운 과학의 탐구계획을 정당화하려는 것이었다. 이 정당화는

두 가지 과제를 수행한다. 첫째, 새로운 과학을 규정하는 초보적 법주들을 재정의하고, 새롭게 이해해야 하는 과학적 지식의 인식론적 전제와 존재론적 토대를 마련한다. 둘째, 새로운 과학 과 당대의 종교적 믿음 사이에서 일어날 수 있는 갈등을 제거하고, 양자 사이의 화해와 일치를 모색한다.: 서양근대철학회 엮음,『서양근대철학』(서울: 창작과 비평사, 2001) pp.102-103.

5) 김용옥,『東洋學 어떻게 할 것인가?』(서울: 통나무, 1998) p. 51.

6) 후대로 갈수록 '絶對個人의 存在論'은 더욱 철저해지며 칸트의 '統覺的 自我'를 가능케 한 '전 제'를 찾아내는 것을 자신의 철학적 과제로 삼았던 셸링에 오게 되면 '絶對個人의 存在論'은 더욱 철저해져 일종의 神과 같은 존재가 된다.: 강영안,『주체는 죽었는가』(서울: 문예출판사, 1997) pp. 14-15.

7) 하이데거는 근대 권력이성(勸力理性)의 주체로서 자연을 철저히 인간을 위한 개발의 대상으로 서 종속케 하고 무한한 탐욕의 행위를 가능케 했던 형이상학形而上學적 근거가 이미 데카르트 철학 안에 내재되어있다고 보고 있다. 따라서 이에 대한 보다 깊은 이해를 위해 데카르트 사유 (denken)를 해석하는 하이데거의 입장을 살펴보고자 한다.
하이데거는 먼저 데카르트 철학의 과제는 스스로 자신의 행위 법칙을 입법하는 인간에게 형이 상학적 근거를 제공함으로써 인간을 새로운 자유로 해방시키는데 있다고 규정한다. 새로운 자 유의 확고한 기초, '절대로 확고부동한 기초' 즉 형이상학의 근거를 데카르트는 인간 자신이 스 스로 자신을 정립하는 행위에서 보았다. 그것은 "Cogito ergo sum"(나는 생각한다 그러므로 나는 존재한다) 속에 구체적으로 표현되어 있는 것으로 하이데거는 일단 확인하고 있다. 하이 데거는 코기토와 코기토 숨의 해석을 통해 근대적 사유의 특징이 무엇이며 그것이 어떻게 근 대적 지배와 권력이성의 본질을 이루고 있는지 보여준다. 그러면, 하이데거는 데카르트의 코 기토를 어떻게 해석하고 있는가? 그는 대략 세 가지로 코기토를 해석하는데, 첫째, 코기토는 '무엇을 소유함', '어떤 사태를 붙잡음(per-capio)', '자기 앞에 세움(Vor-stellen)', 즉 대상화 (對象化)를 의미한다. 즉 코기토는 사물을 자기 앞에 세우고, 닦달하는 자로서 스스로 서게 됨 을 의미하는 것이다. 둘째, 코기토는 회의함dubitare이다. 회의함은 무엇에 대해 의심을 품은 채 태도를 결정하지 못하고 망설이는 심적 상태가 아니라 의심할 수는 것, 확실한 것과 관 련짓는 행위이다. 의심함으로서의 '앞에 세움'은 곧 '확실하게 세움', '확실하게 만듦'을 의미 한다. 셋째, 코기토는 '내가 사유함을 사유함이다(cogito me cogitare)'.이다. 대상을 내 앞 에 세워 움켜잡을 때, 나는 거기에 부수적으로 덧붙여지는 것이 아니라 대상과 '함께'세워진 다. 즉 자기 의식은 또 다른 반성 없이 항상 대상 의식과 함께 현존하는 것이다. 하이데거는 이 러한 코기토의 의미를 캐낸 다음 '코기토 에르고 숨'이 담고 있는 의미를 다시 구성하는데, 간 략하게 말하면 하이데거는 '코기토 에르고 숨'을 대상을 앞에 세우고 문초(or 닦달)하는 자로서 의 '나', 곧 코기토 숨의 자아(ego)가 모든 존재자의 존재를 근거 짓는 절대부동의 기초, 즉 '주 체(sub-jectum)'가 되었다고 해석하고 있다. 이와 같은 이해가 존재론의 역사에 갖는 의미는 무엇인가? 하이데거에 따르면, 코기토의 '자아'가 '주체', 곧 존재하는 모든 것의 '근거'가 됨으 로써 수학적인 접근이 가능한 물질 세계는 '연장'으로 파악되고, 그것의 본질은 인간 앞에 세워 져 닦달되는 데 있으며, 존재에 관한 진리도 이러한 행위를 통해 얻을 수 있는 확실성으로 이해 되었다. 따라서 주체의 지배권 안에 놓이게 된 세계(인간,자연,역사)는 이제 神의 피조물(ens creatum)로서 이해되는 것이 아니라 '확실하고 의심 없이, 참되게 움켜잡힌 것(ens certum, indubitum, vere cogitatum)'으로서 이해되었다는 것이다. 존재를 '앞에 세워짐'으로 파악한 데카르뜨의 존재 이해는 현대 '주체성의 형이상학'의 효시가 되었고 이것은 동시에 자연을 지 배하고 관리하는 근대 과학 기술의 형이상학적인 기초가 되었다고 하이데거는 주장하고 있다.
하이데거의 데카르트에 대한 이러한 해석은 데카르트의 실천학이 겨냥하는 자연 지배를 통한 인간 복지 실현의 이념에 부합하는 해석으로 보인다. 데카르트는 방법적 사유를 통해 발견한 자연학의 일반적 원리를 바탕으로 실천 철학을 찾아내고 "이것(실천철학)에 의해서 우리가 물, 불, 공기, 별, 하늘 및 우리를 둘러싸고 있는 다른 모든 물체들의 힘과 작용을 마치 장인들의 각 가지 재주를 알 듯이 판명하게 알고서, 장인들처럼 이것들을 모두 적절한 용도에 사용하고, 그리하여 마치 우리를 자연의 주인이요, 소유자(les maitres et possesseurs de la nature)가 되게 할 수 있다"는 것을 알았고, "이것은 그저 아무 힘도 들이지 않고 땅의 소산과 또 그 모든 편의를 얻게 하는 무수한 기술의 발명을 위해서 바람직할 뿐만 아니라 또한 주로, 분명히 이 세상에서의 생의 첫째 가는 선이요, 다른 모든 선의 기초가 되는 건강의 유지를 위해서 바람직하다"고 쓰고 있다. 자연은 여기서 더 이상 희랍적인 의미의 퓌시스(physis)나 중세적인 피조물(creatura)이 아니라 수학적으로 해명될 수 있는 "물체들의 힘과 작용"의 담지자이고, 인간은 이 자연에 대한 "주인이요, 소유자"로서 자신의 생존과 복지를 위해 자연을 지배할 수 있다는 생각이 분명히 표현되어 있다. 데카르트는 근대 과학의 창시자들처럼 자연을 기계화하고 인간의 세계의 중심에 세웠다는 것은 이론의 여지가 없다. 자연과 인간의 새로운 관계 설정을 통해서 '이론(과학)'의 의미도 고대와 중세의 전통과 달리 관조와 명상으로 이해되기보다 직관과 연역을 통한 명제들의 체계로 전화되었다는 것도 크게 논란거리가 되지 않는다. 그리고 만일 "나는 생각한다. 그러므로 나는 존재한다"는 원리가 형이상학을 근거짓는 기초이고, 형이상학은 자연학, 기술학, 의학, 도덕 등의 실천학을 근거짓는 기초라면, 이 원리는 자연의 기술적 이해와 지배를 통해 인간의 실제적인 복지를 꾀하는 실천학의 기초라고 할 수 있을 것이다. 만일 이러한 해석이 옳다면 데카르트는 현대 기술문명의 철학적 기틀을 마련한 철학자이고, 기술 문명의 핵심은 하이데거가 이해하듯 인간을 존재자의 근거, 바탕, 기초로 보는 '주체성의 철학'에 있다고 보아야 할 것이다.: 강영안, 앞의 책, pp. 78-84.

8) 데카르트 이후 근대를 가능케 했던 '기술'은 희랍적 의미에서의 '테크네(techne)'와는 상당히 이질적인, 아니 희랍적 연원을 상실했다고 할 수 있다. 희랍적 의미에서의 기술에 대한 정의는 하이데거에 의하면 다음과 같다.
   희랍적으로 경험된 지식으로서의 테크네는 현존하는 것 자체를 은폐된 상태에서그 모습이 드러나도록 하는 것이기 때문에, 존재자를 드러내어 밝힘이다. 테크네는 결코 제작활동이 아니다.(M.Heidegger, Der ursprung Kunstwerkes, in Horlzwege, 1972,p. 47.)

   '테크네'에서 결정적인 것은 결코 만드는 행위나 조작하는 행위 또는 수단의 사용에 있는 것이 아니고…탈은폐에 있다.(M.Heidegger./이기상 譯,『기술과 전향』(서울: 서광사, 1993) p. 37.) 이러한 희랍적 전통의 테크네는 근대에 등장한 주체성의 철학과 함께 단절된다. 근대에 형이상학적 근거와 함께 등장한 기술은 단지 목적을 위한 수단일 뿐이다. 도구나 장비, 기계를 제조하고 사용하는 그 자체가 기술인 것이다. 이와 같은 기술의 본질의 변화는 존재를 개시하는 활동이 아니라 오히려 존재를 은폐시키는 활동으로 규정되어야 한다.: 김영필,『현상학의 이해』(울산: 울산대학교 출판부, 1998) p. 277.

9) 理性的·合理的인간은 너무도 많은 사람들을 理性的·合理的으로 죽였다.

10) 비트겐슈타인(Ludwig Wittgenstein)과 하이데거(Martin Heidegger)의 철학은 모두 데카르트적 절대개인의 존재론과 인식론, 그리고 이를 바탕으로 형성된 人間中心主義의 폐단을 지적하는 작업의 일환이었으며, 공동체주의(communitarianism), 후기구조주의(poststructuralism), 해석학(hermeneutics), 해체이론(deconstruction) 등의 포스트모던 사상들 역시 이러한 人間中心主義에 대한 반발로 태동된 이론들이다.

11) 이 원인은 여러 가지 꼽을 수 있겠지만, 가장 우선시 되는 것은 석유와 석탄 등 화석연료를 태울 때 발생하는 이산화탄소 등의 온실효과가스(green house gases)가 지나치게 많이 배출되었기 때문인데, 이는 산업화로 인해 생긴 결과라고 할 수 있다. 왜냐하면 산업혁명 이전에 비

해 현재 대기 중 이산화탄소의 농도가 30%정도 증가했기 때문이다.

12) 제2회 불교생태학 세미나,『자연, 환경인가 주체인가』(불교문화연구원, 2003) p. 2-3.

13) 인류 최초의 신앙이었던 샤머니즘은 이러한 거대한 자연에 대한 인간의 경외심(敬畏心)으로 부터 시작되었다. 하지만 샤머니즘을 대체하는 과학이라는 또 다른 신앙에 의해 자연은 더 이상 거대한 존재, 경외심을 갖게 하는 존재가 아닌 단지 인간을 위해 존재하는 거대한 식량저장고로 인식되게 되었다. 하지만 오늘 날 그 동안 과학을 통한 개발이라는 후유증을 끊임없이 축적하다 표출된 증상 앞에 자연이 더 이상 과학으로 지배될 수 없는 현상이라는 발견은 다시 거대한 자연에 대한 원시시대 敬畏心으로의 회향을 가능하게 한 것이다.

14) 이렇듯 인간의 생존을 위협하는 환경의 위기에 대처하려는 노력은 당위(sollen)적 요청에 의해 시행되어지고 있다. 가령 유엔은 직접 1972년 스톡홀름에서 환경문제를 다루며 '인간환경선언'(스톡홀름선언)을 채택하였으며, 1982년 10월 28일 다시 '세계자연헌장'을 채택하여, 인간은 자연의 일부이고 문명은 자연에 근거하고 있다는 점을 유의하게 하고 "자연은 존중되고, 그 기본적 과정은 방해되어서는 안된다" "지구상의 유전적 생명력은 항상 우선되고, 야생상태에 있는 인적 관리 하에 있는 모든 생명 형태의 개체 수는 적어도 그 존속에 충분한 수준으로 유지되며 이 목적을 위해 필요한 생식지는 보호한다"는 등의 원칙을 천명하였다.<양명수, 『녹색윤리』(서울: 서광사, 1997) pp. 215-217> 그리고 1992년 6월에는 브라질 리우에서 지구환경보호 및 선진국과 개도국간의 빈부격차를 해소하기 위해 178개국이 참석한 가운데 유엔환경개발회의(UNCED)가 열렸으며, 여기에서는 리우선언을 비롯한, 의제 21(Agenda21), 산림의정서, 기후변화협약, 생물다양성협약 등 5개 문서가 채택되고, 이른바 '지속 가능한 개발'sustainiable development이라는 개념을 통해, 경제발전과 환경보호를 동시에 추구함으로써 현세대의 개발이 미래세대의 복지를 저해하지 않도록 하고 있다. 이 리우회의는 21세기를 향하는 환경과 개발에 관한 국제질서를 재편하는 서막으로서 이후의 각국의 경제개발과 국제질서에 큰 변수로 작용할 것으로 전망된다.<이상돈,『환경위기와 리우회의』(서울: 대학출판사, 1993) pp.248-250>

15) '시대'와 시대가 향유하는 '문명'의 전환과 더불어 기술시대의 윤리학에 대한 모색의 방법 또한 정보화시대라는 시대에 맞추어 전환되어야 할 것으로 보여 진다. 가령 한스 요나스 같은 기술시대 윤리학의 선두주자들은 기술시대에 절실히 요청되어지는 윤리학의 새로운 영역을 개척하면서 가장 먼저 기술시대에 대한 진단으로부터 시작하였다. 기술시대 더 이상 인간의 이성에 호소하거나 도덕적 직관력에만 호소할 수 없다는 본 그는 미래의 인류의 생존을 위한 책임을 중요시하는 책임의 윤리학을 강조하였으며, 그리하여 그는 인간과 인간사이의 관계, 즉 인간중심적인 '미시윤리학(Microethik)'이 아닌 인간과 자연 전체론적 입장에서 접근하려는 '거시윤리학(Macroethick)'에로의 전환을 촉구하였다.(김영필, 앞의 책, pp. 280-282.) 하지만 정보화시대로의 변환은 이러한 기술시대의 윤리학에 대한 모색 또한 舊시대의 유산물(遺産物)로 남게 하였다. 이제 우리는 정보화시대에 대처하는 새로운 윤리의 모색을 위해 우선적으로 정보화시대에 대한 진단을 내려야 할 것으로 보여 진다. 하지만 필자는 진단을 단순히 정보화시대의 기술이나 현상자체에 두기보다는 정보화시대를 통해서 발생되어지는 지평의 단일현상과 그로 인하여 파생되는-윤리를 가능케 하는 배경의-이론들의 대화의 필연성에서 찾고자 한다.

16) 유명한 미래학자인 앨빈 토플러(Alvin Toffler)는 지식정보의 혁명을 '제 3의 물결'이라고 명명하였다. 그러면서 산업사회에서의 과학기술의 특징이 육체적 힘의 확대와 강화에 있었다면, 지식정보화 시대의 특징은 정신적 힘의 강화와 확대에 있다고 강조했다. 오늘 날의 환경변화를 보면, 인터넷이 첨단 역할을 하면서 엄청난 문화적 충격을 주고 있다고 정의할 수 있을

자비의 윤리

것이다: 김태길 外 지음,『우리시대의 윤리학: '지식정보화시대의 윤리와 부작용'』(서울: 예림, 2001) p. 51.

17) 이기상,『하이데거의 존재 사건학』(서울: 서광사, 2003), p. 259에서 再引用.

18) 강영안, 앞의 책, p. 248에서 再引用.

19) 윤리는 단순한 이론적·사변적(理論的·思辨的) 영역에 머무르는 공허한 '말놀이'*가 아닌 인간의 직접적 행위를 요구하는 규범학(規範學)이기에 시대적 요청은 더욱 절실하다고 보여 진다.

　* 서양의 '직각론적 윤리설(直覺論的 倫理說)'의 대표적 학자로 꼽히는 Price는 "윤리는 단순한 사변적 말놀이가 아니라 인간의 실천을 수반하는 행위에 관한 규범학"이라고 정의한 바 있다.

20) 中村元,『新佛教語原散策』(東京: 東京書籍) pp. 10-11

21) 鈴本學術財團編,『漢譯對照梵和大辭典』(東京: 講談社, 照和 62年), p.1066.

22) maitrī는 mitra가 vṛddhi된 형태인데 mitra는 '친구', '친한 사람' 이라는 의미를 갖는 명사이다. mitra는 다시 mith, 혹은 mid에서 파생된 말인데 mid와 mith는 동의어이다.: Monier Williams,『Sanskrit-English Dictionary』(Oxf, Univ. press, 1989, rep 1956) p. 834: 816

23) 올덴베르그(Oldenberg)는 maitrī 라고 하는 말이 mitra라고 하는 신(神)의 이름으로부터 나온 것이라고 해석한다. 그에 의하면 이 신은 인도인과 이란인이 아직 하나의 민족을 형성하고 있을때에 숭배되었다고 한다. 그리고 이 신은 로마 제국 시대에 이르면서 그리스도교 신의 경쟁자가 되어서 패권을 다투며, 세계 및 미래를 지배할 힘이 있는 조재로 생각되었다고 한다. 그러나 mitra는 관조자적인 신이었다. 약속을 파기한 인간은 신을 속였기 때문에 이 신의 노여움을 받는다. 거기에서 mitra는 '벗'을 의미하는 말이 되었고, 이 말에 의해서는 특히 성실誠實의 의무義務가 생각되어졌다.: H. Oldenberg,『Aus dem alten Indien, S. 3-4』, 中村元 , 앞의 책, p. 24에서 再引用.

24) 상좌부(上座部)의 학자는, 산스크리트어 'maitrī'에 해당하는 팔리어 'metta'라는 말이 'mid'라는 어근으로부터 나온 것이라고 상기의 주장들과는 다른 주장을 하고 있다. "mejjati ti metta, siniyhati ti attho.": 中村元 , 앞의 책, p. 24에서 再引用.

25) 여기에서 '타인'이라 지칭하지 않고 '타자'로 기술한 것은 불교에 있어 관계의 중심이 되는 '나'와 '타자'에 있어서 이 '타자'의 범위가 단순 '인간존재'만을 지칭하는 개념이 아니기 때문이다. 이는 불교가 여타의 윤리를 넘어설 가능성을 제공하는 중요한 단서라고 할 수 있는바 이에 대해서 뒤에서 보다 상세히 설명하도록 하고, 어쨌든 이러한 맥락 속에서 '타자'라는 용어를 사용하였음을 밝힌다.

26) Monier Willarms, 앞의 책, p. 255, p. 308.

27) 望月信亭,『望月佛教大辭典』(東京: 世界聖典刊行協會, 1974), p.1978.

28) 이러한 자비에 대한 최초의 해석은 불타의 교설에 대한 근본적 해석의 지침의 확립이라는 명확한 목적의식 속에서 탄생한 아비달마의 영향 속에서 탄생한 것으로 보여진다. 이에 대한 보다

상세한 설명은 4.1. 통시적(通時的) 관점(觀點)으로 바라본 '慈悲의 倫理'에서 하도록 하겠다.

29) '倫理'에 대한 또 다른 해석에 대해 살펴보면 다음과 같다.

　<"倫"자에는 두 가지의 뜻이 있어서, ①동료, 친구, 무리, 또래 등 인간집단을 의미하고, ②길, 도리, 질서, 차례, 常, 法의 의미도 있다. 따라서 "倫理"는 '두리들간의 도리', '인간관계의 이법'을 뜻했으므로 인간관계에 있는 규칙을 연구하거나 사회관계에 역할이 주어진 사회규범으로 지칭할 수 있다. 사람과 사람 사이에 반드시 인간의 도리가 있고 이 도리가 그 自體로서 변함이 없는 것이다. 이 인간의 도리를 우리는 "倫理"라고 한다.>: 최종희, 김영철 共著,『大學敎養倫理』, p. 55./ 曹勇吉,『불교윤리사상연구』<惡業의 豫防 및 敎化>(동국대학교 석사 학우 청구논문, 1975) p. 7.

30) 許愼,『說文解字』<段玉栽註本> 참조.

31) 원석의 옥玉을 무수히 갈고 닦으면 어떤 일정한 모양이 빚어지는 것처럼 '이치(理致)', '이법(理法)' 등 또한 무수한 갈고 닦음, 즉 관습(慣習)에 의해 형성되어진다는 것을 의미한 것일 것이다.

32) 진교훈,『현대사회 윤리 연구』(서울: 울력, 2003) p. 15.

33) 유교(儒敎)에서는 부자(父子), 군신(君臣), 부부(夫婦), 장유(長幼), 붕우(朋友)라고 표현되는 이른바 5륜(倫)을 인간관계의 기본으로 보고, 그것을 인간이 모름지기 실천하여야 할 태도로 보며 5륜의 실천 덕목으로서 친(親), 의(義), 별(別), 서(序), 신(信)을 말하였다. 이것이 이른바 5상(常)이다. 이 5륜5상은 유교윤리의 핵심이며, 바로 인간관계의 이법(理法)으로써의 윤리의 본질을 잘 드러내 준다.

34) 독일어에도 '윤리'에 해당하는 말이 있다. "sittlichkeit"가 바로 그것인데, 이 말은 '풍습(風習)이라는 고대(古代) 독일어에서 유래하였다.

35) '도덕(道德)'이라 할 때는 인간의 도리(道理), 행위(行爲)의 규범(規範)을 뜻하며, '윤리'라고 할 때는 인간 행위의 우수함을 포함하고 있는 경우가 많다.: 曹勇吉, 앞의 논문, pp.7-8.

36) 우리는 '도덕'을 현대어로서 단순히 'morality'에 해당되는 우리말 개념으로서 쓰고 있으나 '도(道)'와 '덕(德)'은 원래 분리되는 두 개의 개념이었다.

37) '무정성불설(無情成佛說)'이란 초목과 장벽 등 무정물의 불성에 대한 논의로서 이를테면 무정물의 성불 가능성에 관한 논의이다. 곧 중생을 비롯하여 기세간(器世間)을 포함한 만물 전체의 불성(佛性)을 설명하려는 것이다. 불성론(佛性論)은 인도불교사상을 근간으로 하여 전개된 중국불교사상에서 중국 고유의 도교와 유교, 나아가서 중국인들 속에 흐르는 만물은 일체라는 자연관 등의 교섭으로 발생한 사상이다. 그리고 무정성불설은 인도에서의 불성론이 중국적인 이해에 의하여 체계화된 사상이다.

　담무창(曇無讖, 385~433)에 의하면『대반열반경大般涅槃經』의 실유불성(悉有佛性) 사상이 중국으로 전해지자 도생(道生, 355~434) 등이 주장한 '일천제성불(一闡提成佛)' 사상과 함께 중국에서의 불성에 관한 문제의 원류가 되었다. 그러나『대반열반경』의 불성설은 유정만의 성불을 설하는 데에 머물러서 아직 그 범위가 무정물에까지 인정된 것은 아니었다. 무정물에 불성을 인정하는가 아닌가에 대해서는 혜원(慧遠, 334~416)과 지의(智顗, 538~597) 등을 비

자비의 윤리

롯한 많은 사람들에 의하여 논의되었다.

'무정성불설'은 천태종의 제6조 형계담연(711~782)에 의하여 대성되었다. 그는 『마하지관행전홍결摩訶止觀行傳弘決』가운데 지의의 『일색일향무비중도一色一香無非中道』에 기초하여 무정성불설을 주장하였다. 이것은 진리의 세계에는 결국 유정·무정의 구별이 없이 불성이 존재한다는 지의이래 천태사상의 특징이 되었다. 이는 제법실상(諸法實相)을 종지로 삼고 있는 천태사상의 전형적인 특징의 체계화하라 할 것이다. 그러나 필자는 이러한 초목성불 등을 함축하는 무정성불설 등이 중국의 전형적 사유 속에 나온 격의적 해석이라는 것도 한 원인 일 수 있겠지만, 보다 강력한 논의의 원동력은 상기에서 지적하였듯이 윤회의 실재성의 약화에 있지 않나 생각한다. 왜냐하면 윤회를 강력하게 지지하고 있었다면 무정성불설에 기초했을 때 무정 역시 윤회의 주체로 그 직위가 격상되어야 하기 때문이다. 하지만 이에 대한 내용은 중국에 종파들의 사상에서는 찾아보기가 힘들다.

38) 이하에서는 유정과 무정을 통틀어 '뭇 생명'이라 규정하고자 한다.

39) karaniya metta-sutta: 신성현, 『佛敎의 不殺生戒와 現代倫理』(동국대학교 BK21 학술논문) p. 418에서 재인용.

40) 헤마난다(M.Hemananda)는 이 일을 두고, "우주적 자비에 흠뻑 젖어있는 인간의 드문 본보기이며 우리가 이웃에게 진 빚 뿐만 아니라 주변환경에 진 빚까지를 극명하게 부각시켜준다"고 평하고 있다.: M.Hemananda, Nature & Buddhism(Deliwala: Global Graphics & Printing Ltd., 2002). pp. 298-299.

41) 『복개정행소집경』(T.32, 744b)

42) 가령 이러한 예는 중세 굳건한 종교적 전통에서 그 명맥을 이어갔던 인문학의 상황을 보면 쉽게 이해할 수 있다. 서구지성사에서 말하는 인문학의 성립을 결정적으로 만든 함수는 다음의 두 가지 역사적 사건이었다. 하나는 아랍 문명권에서 성립한 고전학의 영향이고, 다른 하나는 비잔틴 제국의 멸망이다. 서구 중세기에 있어서 모든 학구적 행위가 기독교 신학이라는 종교적 질곡 속에서 잠자고 있을 동안, 당시 유럽의 최고의 스칼라쉽은 7~15세기까지 자못 위세를 떨쳤던 아랍문명권에 의해 독점되고 있었다.(당시 아랍문명권의 센터를 둘로 나눈다면 동부의 중심은 '바그다드'였고, 서부의 중심은 지금 스페인의 '꼬르도바'였다) 진정한 의미에 있어서 고전학, 즉 희랍고전의 번역과 주석은 이 아랍학자들에 의하여 독점되고 있었고, 당시 서구의 지성인들은 아랍어로 번역된 희랍고전을 라틴어로 번역하여 접하게 되는 매우 복잡한 우회과정을 겪었다. 희랍고전이 최초로 번역된 것은 크리스챤 시리안들(Christian Syrians)이었다. 이들은 4, 5세기에 메소포타미아의 에덴사 학원(the school of Edessa)에서 아리스토텔레스의 저작을 시리아어로 번역하였고, 그 뒤 계속해서 페르시아에서 기타 희랍고전을 페르시아어로 번역하였다. 제 2단계의 번역작업은 시리아로 번역된 희랍고전을 다시 아랍어로 옮기는 작업이었고, 이때 아랍사상가들을 지배한 사상은 신新플라톤주의였다. 따라서 이런 고전번역과정에서 희랍고전, 특히 아리스토텔레스의 저작들의 체계는 신플라톤주의적으로 윤색되어지고 또 페르시아 동방종교사상과 결합되어 아랍 특유의 철학을 형성시킨다. 이러한 아랍문명 속에 형성된 인문학적 전통은 문헌학적으로 고찰할 때 결코 긍정적일 수 없다. 왜냐하면 아랍어 판본은 오역·왜곡이 심하고 아랍번역자들이 추가·윤색에 해당되는지에 대한 구분이 존재하지 않아 혼동을 가져오기 때문이다.: 김용옥, 『切磋琢磨大器晚成』(서울: 통나무, 1994), pp.167-169 참조.

43) 김태길, 『윤리학』(서울: 博英社, 2000) pp. 13-16.

159

44) G.E. Moore,『Principia Ethica』(Cambridge University Press, 1956(초판은 1903)) p. 38 이하 참조.

45) '있는' 현재가 '있어야 할' 장래를 밝힘에 유일하고 충분한 근거가 된다고 보는 점에 있어서 자연주의 윤리설을 형이상학적 윤리설과 입장을 같이하지만, 전자가 '있어야 할 것' 즉 당위의 근거를 초경험적 '실재'에 구하고 있음에 반대하여, 후자는 같은 근거를 경험적인 사실에 구하고 있는 점에 근본적인 차이가 있다.: 김태길, 앞의 책, p. 15.

46) 박이문,『뉴 밀레니엄의 문명 패러다임과 禪』(『德崇禪學』2, 한국선학원·무불선원) p.20.: 신성현,『現代文明과 古典倫理學, 그리고 그 佛敎的 批判』(『佛敎學報』) p.5에서 재인용.

47) 이는 한나 아렌트의 일평생의 작업의 목표이기도 하였다.

48) Hannah Arendt, The Humman condition(Chicago: University of Chicago Press, 1958) p. 13.

49) 아렌트는 고대희랍의 도시국가들이 멸망한 후로서 성 아우구스티누스가 본래의 의미에서의 '정치적 삶'이 무엇인지 아는 마지막 사람이었다고 한다.: 上同.

50) 이렇듯 데카르트 존재론에 의해 파악되는 인간은 철저히 고립된 존재이다. 따라서 이러한 내가 他人과 관계하기 위해서는 그 관계성을 설정해주는 개념적 장치가 존재해야 하는데, 그것이 바로 근대 모든 정치 사상가들에게 등장하는 '계약'이라는 개념이다.

51) 물론 여기에 인간들도 포함된다. 이러한 존재론을 기반으로 인간의 노동력이 매매될 수 있는 근거를 확보하게 되는 것이다

52) 결국 모든 근대철학자들의 과제는 "'자기보존'을 특징으로 절대개인이 '자기보존'을 특징으로 하는 또 다른 존재인 他人과 어떻게 공동체 영역에서 충돌 없이 삶을 영위할 수 있는가?"라는 윤리적 문제에 대한 해결의 시도였다고 해도 과언이 아니다. 이는 모두 무비판적으로 답습한 데카르트의 절대개인의 존재론에 기인한 것이다.

53) 게다가 이는 자연을 대하는 고대인들 태도에서도 살펴볼 수 있다. 고대인들은 자연사물을 자발적 운동능력을 갖춘 것으로, 즉 사물의 내재적 운동능력을 영혼과 동일시했다. 따라서 이들에게 영혼은 자연 전체에 편재한 것이었다.(아리스토텔레스는 이 영혼을 세 가지로 분류했다. 영양섭취가 성장을 주관하는 식물영혼, 장소이동과 감각을 주관하는 동물영혼, 그리고 인간의 사고와 인식을 주관하는 nous가 그것이다) 따라서 인간과 유사한 동질적 요소인 영혼을 소유하고 있는 자연을 근대와 같이 무자비하게 개발한다는 것은 도대체 語不成說이다.(이러한 자연을 개발하는 방법을 고대 희랍에서는 '테크네'라고 하였는데, 오늘 날과 같은 기술의 의미가 아니다. 은폐된 것을 드러내는… 자연적으로 성장하는 자연을 드러내주는, 그러한 것을 칭하여 테크네라 칭하였다): 서양근대철학회, 앞의 책, p. 75.

54) 고대인들의 '자연에 대한 태도'와 '테크네'(기술)라는 의미가 근대와 다르다 하더라도, '윤리'라는 측면에 자연이 고려되지 않았다. 이는 상기 정치에 대한 고대인들의 이해를 통해서 유추할 수 있다.

55) 유대인 예수가 살았던 시대의 유대교 종파는 대략 다음 넷으로 구분된다.
①바리새인The Pharisees

②사두개인The Sadducees
③열심당원The Zealot
④엣세네인The Essense

여기에서 '①~③'은 신약성서에 언급되어 있고, '④'는 1세기의 유대인 철학자 알렉산드리아의 필론(Philo of Alexandria: B.C. 15~10 사이에 출생)와 유대인 사가(史家) 후라비우스 요세푸스(Flavius Josephus: A.D. 37 or 38~ 100)의 문헌 속에 기술되어있다.

56) 마스터성경편찬위원회, 『마스터성경』(서울: 성서교재간행사),: 마태복음 22장 34~40.

57) 여기에서 주의해야할 것은 이 두 계명이 실상 율법 속에 존재하지 않는 계명이라는 것이다. 따라서 예수는 당시 고착화·형식화 되었던 '율법'을 비판하며, 그 근본 정신인 '사랑'을 강조하고 있는 것이다.

58) 스탠린 그렌츠/신원학 譯, 『기독교 윤리학의 토대와 흐름』(서울: 한국기독학생회출판부, 2001), pp. 155~157.

59) 물론 독특한 신비적 해석을 가하여 '이웃'을 이 세상의 모든 피조물(자연, 동.식물 등)로 해석할 수도 있겠지만, 이는 해석학의 諸유형 가운데 어떠한 해석학적 방법을 동원한다 해도 불가능한 해석이다.

60) 이는 컴퓨터 인터넷의 예를 들면 보다 쉬울 것이라 사료되어진다. 인터넷은 개인 PC간, 즉 'p to p' 연결의 가능성을 통해야 이루어질 수 있는 체제로, PC간의 관계를 가능하게 한다. 하지만 이러한 PC간의 연결은 메인서버(main server)의 접속이라는 조건 없이는 불가능하다. 즉 메인서버의 접속을 할 때에야 p to p의 방식이 가능한 것이다. 이는 흡사 상기 계명을 설명하는 방식과 유사해 보인다. 즉 메인서버에 해당하는 '하나님에 대한 사랑'이라 확립된 후에야 p to p 즉 '인간 상호간의 사랑'이 가능한 것이다.

61) 신원하 譯, 앞의 책, p. 167.

62) 이에 대한 교리의 체계화에는 고대 스토아 학파의 로고스(logos) 사상이 상당한 영향을 미친다. 스토아 학파에 의하면 온 천지에는 우주적 이법(理法), 로고스가 존재한다. 그리고 천지의 축약체인 소우주 인간에게도 천지를 운행하는 이법, 곧 로고스를 파악할 수 있는 선험적 근거인 로고스가 존재한다.分有 따라서 나(我)와 타자(他)는 모두 보편적 성질인 로고스를 지니고 있으며, 이는 천지의 로고스 입장에서 본다면 동일한 보편을 소유하고 있는 것인바, 이는 인간 서로가 관계할 수 있는 선험적 근거가 되는 것이다.

63) 마스터성경편찬위원회, 앞의 책: 창세기 1장 26~27.

64) 이러한 내용은 인류의 시조 아담과 이브의 타락 이후 '홍수심판'이라는 거대한 심판을 통해 태초의 창조와 동일한 입장에서 의인 노아에게 주신 다음의 말씀에서도 동일한 형태로 발견된다.

"하나님께서 노아와 그 아들들에게 복을 주시며 그들에게 이르시되, "생육하고, 번성하여, 땅에 충만하라! 땅의 모든 짐승과 공중의 모든 새와 땅에 기는 모든 것과 바다의 모든 고기가 너희를 두려워하며 너희를 무서워하리니 이들은 너희 손에 붙이웠음이라. 무릇 산 동물은 너희의 식물이 될지라. 채소 같이 내가 이것을 다 너희에게 주노라…. 무릇 사람의 피를 흘리면 사람이 그 피를 흘릴 것이니 이는 하나님이 자기 형상대로 사람을 지었음이니라.": 마스터성경

65) 1장 26~27절이 주로 동물에 대한 지배와 소유권을 부여한 것이라면, 1장 29절은 식물에 대한, 그리고 9장은 땅, 즉 무생물까지 포함하는 온 세상 모든 존재에 대한 소유권과 지배권을 인간에 부여함을 의미한다. 이러한 기독교적 자연관은 이하에서 서술하겠지만, 많은 학자들 (특히 린 화이트)에 의해 제기되었으며, 특히 상기에서 지적하였듯이 서양 헬레니즘의 인간중심주의적 전통과 만나면서 개발에 대한 강력한 힘을 형성하였다. (특히 근대 개발의 합리화 구실을 했다고 평가되어지는 라이프니츠의 '충족이유율'은 이러한 기독교 가치관에 대한 해석이라 할 것이다)

66) 창세기는 하나님의 창조와 타락 등 세상과 인류의 기원에 대한 설명을 담고 있다. 따라서 창세기는 구약(유대교)은 물론이고 신약(기독교)의 가장 상위에 위치하는 근본 경전이다. 그런데 이러한 창세기에 인간중심주의적 성향이 발견된다고 하는 사실은 창세기의 근본사상을 계승하고 있는 기독교(물론 유대교도)에도 인간중심주의적 성향이 계승되고 있다는 것을 또한 의미한다 할 것이다.

67) Lynn White, jr., "The Historical Roots of Our Ecologic Crisis". Science 155(1967), p. 1206.

68) 이러한 비판은 기독교 외부에서만 제기된 것이 아니다. 현대의 생태적 위기에 대한 본질적 죄책내지는 적어도 취약점을 가지고 있다는 다음의 언급은 기독교 내부자의 반성적 고백론이다.

"우리가 만일 기독교적 세계관에 대해 정직한 해명을 한다면, 세계 지배에의 성향뿐만 아니라, 고전적인 기독교 교설로서는 적절한 자연 존중을 가르쳐 주지 못하는 그 무능을 인정하지 않으면 안 될 것이다. 이 점에 있어서 기독교는 보다 창조적으로 자연을 다룰 수 있는 것처럼 보이는 다른 전통들, 예컨대 佛敎나 儒敎 또는 일본의 神道로부터의 도움을 필요로 한다." : 『인간과 자연환경』<현대와 종교> 10 (현대종교문제연구소, 1987): 제2회 불교생태학 세미나, 앞의 책, p. 185에서 再인용.

69) 유대교 신학자 노만 램(Norman Lamm)이나 고디스(Gordis)는 상기의 구절(창세기 1장과 9장)을 자연에 대한 인간의 정복, 지배, 소유로 읽어서는 안 된다고 주장한다. 왜냐하면 이는 인간에게 소유권이나 지배권을 인정한 것이 아니라, 일시적인 관리권을 맡긴 것으로 해석되어야 한다는 것이다.(Mary Evelyn Tucker and John A. Girm : 유기쁨 譯,『세계관과 생태학』(서울: 민들레 책방, 2003) p. 56.)하지만 이는 생태학적 담론에서 그리 많은 지지를 받고 있질 못하다. 하지만 이러한 기독교적 가치관에 대한 많은 비판 속에 신학자들 또한 나름대로의 질문에 대한 답을 위한 담론을 형성하고 있다.

70) 조용훈, 『동・서양의 자연관과 기독교 환경윤리』(서울: 대한기독교서회, 2002), p.167.

71) '텍스트 이론', '해석학', '차이의 철학' 등 데리다에 대한 내용은 너무도 방대하기에 여기에서는 '지우면서 글쓰기'에 대해서만 간략하게 언급하도록 하겠다. 데리다 철학을 보다 상세히 알기를 원하는 이는 김형효의 『데리다 해체철학』의 일독을 권하는 바이다. 데리다의 철학적 전략방법을 흔히 해체주의(deconstruction)라 부른다. 이는 데리다의 철학적 목표에 기인한 것으로, 그는 서양사상 전체에 흐르는 로고스 중심주의(소리중심주의, 종족중심주의)를 해체시키는데 그 철학적 목표를 두었다. 그러한 작업을 위해 그는 방법적 전략 '지우면서 글쓰기'를 개발하는데, 이는 기존에 내려오던 사상이나 개념들이 일정한 형이상학(로고스 중심주의)의 체계 속에 읽혀졌기에 왜곡・오용되었다고 보고 새로운 읽기를 글쓰기를 통해 보여주고자

한다. 하지만 언어의 특성상 그 자체의 기의를 담고 있는 언어는 존재하지 않기에 불가피하게 기존 왜곡·오용된 용어를 사용하되, 새로운 글쓰기를 통해 즉 '지우면서 글쓰기'를 통해 새롭게 재규정하고자 했다.

72) 이는 초기불교 석존에 의해서도 이루어진 전략적 방법이다. 석존께서는 당시 인도사회에 통용되고 있던 언어를 차용하시고 새로운 불교식의 의미를 부여하셨다. '바라문', '상가', 또한 이 책의 주제인 '자비' 또한 데리다 식의 표현을 빌린다면 '지우면서 글쓰기'를 하신 것이다.

73) 통시적 관점에 의거한 자비관(慈悲觀)에 대한 해석은 임승택씨의 논문(『大悲에 관한 연구: 蓮華戒의 修習次第論을 중심으로』 서울: 동국대학교, 1994)과, 김동화 선생의 저서(『原始佛敎思想』 서울: 선문출판사, 1983) 등 여러 개설서를 참고하여 정리하였다. 그러나 자료의 소스에 대해서만 도움을 얻었을 뿐, 실질적인 논의와 해석은 필자의 견해를 중심으로 서술하였다.

74) 이는 초기불교에 나타나는 전형적인 패턴이다. 즉 석존께서는 기존에 사회에 통용되던 언어를 빌리어 불교적 의미로 재구성하시면서 사용하셨다.('바라문','僧伽'등 기존 사회에 통용되던 개념을 빌어 전혀 다른 불교적 의미로 사용하시는 例를 초기불전에서 심심치 않게 살펴볼 수 있다)

75) 『잡아함경』27권 (T.41, 197bc). "沙門瞿曇爲諸弟子說如是法, 不斷五蓋惱心 , 慧力羸, 爲障導分, 不趣涅槃. 盡攝其心 , 住四念處, 心與慈俱 , 無怨無嫉, 亦無瞋恚 , 廣大無量, 善修充滿, 四方四維, 上下一切世間. 心與慈俱 , 無怨無嫉 , 亦無瞋恚 , 廣大無量善修習充滿 , 如是修習 悲·喜·捨心俱亦如是說. 我等亦復爲諸弟子作如是說 , 我等與彼沙門瞿曇有何等異？所謂俱能說法." 時 , 衆多比丘聞諸外道出家所說 , 心不喜悅 , 默然不呵 , 從座起去. 入黃枕邑乞食已 , 還精舍擧衣鉢洗足已 , 詣佛所稽首禮足退坐一面 , 以彼外道出家所說廣白世尊. 爾時 , 世尊告諸比丘. "如彼外道出家所說 , 汝等應問 , '修習慈心 , 爲何所勝 , 修習悲·喜·捨心 , 爲何所勝？'如是問時 , 彼諸外道出家 , 心則駭散 , 或說外異事 , 或瞋慢 , 毁呰違背不忍 , 或默然萎熟低頭失辯思惟而住. 所以者何？我不見諸天·魔·梵·沙門·婆羅門·天人衆中 , 聞我所說 , 隨順樂者 , 唯除如來及聲聞衆者. 比丘! 心與慈俱多修習 , 於淨最勝 , 悲心修習多修習 , 空入處最勝 , 喜心修習多修習 , 識入處最勝 , 捨心修習多修習 , 無所有入處最勝."佛說此經已 , 諸比丘聞佛所說歡喜奉行.

76) 초기불교 경전 가운데 하나인 『佛爲首迦長者說業報差別經』에는 慈悲에 대한 후대 문헌들의 정의와 어느 정도 일치하는 정의가 발견된다. 이 경전에서는 '자'와 '비'를 각각 '慈愍心'과 '大悲心'으로 표현되는데 '자'를 '즐거움의 제공', '비'를 '괴로움의 제거'의 의미를 함축하고 있다. 그럼에도 이 경전은 아함부(阿含部) 문헌에 속해 있기는 하지만, 4부 아함(阿含)에서 제외된 별도의 경전이라는 점에서 실제로 석존께서 교설한 내용인지의 여부가 불명확하다. 하지만 분류상 초기불교의 문헌에 속한다고 할 수 있으므로 당시의 입장을 개연적으로나마 전달해 주고 있다고 생각된다. 인용하면 다음과 같다.

"다시 열 가지 업(業)이 있어서 중생들로 하여금 긴 수명의 과보를 얻게 한다. 그 열 가지란 첫째 스스로 살생하지 않는 것이며 … 여덟째 근심하고 괴로워하는 사람을 보고 자민심(慈愍心)을 내는 것이요, 아홉째 급하고 어려운 일을 당한 사람을 보고 大悲心을 내는 것이다.": 『佛爲首迦長者說業報差別經』(T.1, 892a). 復有十業, 能令衆生得長命報. 一者, 自不殺生 … 八者, 見諸患苦之人, 起慈愍心, 九者, 見諸急難之人, 起大悲心.

77) 게다가 여기에는 언어가 가지는 한계성이 내포되어 있다. 언어는 그 특징상 언어를 사용하는 화자의 의도와 밀접한 연관을 가진다. 따라서 經의 궁극적 내용은 그것을 설한 부처님의 의도

와 관계하는 것이다.(이러한 의미에서 대승에서는 經을 부처님의 깨달음의 세계에서 동등하게 흘러나온 것이라고 해서 等流라고 칭하며, 禪宗에서는 깨달음의 지평을 가리키는 손가락이라는 의미에서 指月이라 명명한다)

78) 권오민, 『아비달마 불교』(서울: 민족사, 2003), pp.26-27.

79) 『구사론』1권(T.29, 1a). 若離擇法，無勝方便能滅諸惑，諸惑能令世間漂轉生死大海。因此傳佛說彼對法，欲令世間得擇法故。離說對法，弟子不能於諸法相如理簡擇。然佛世尊處處散說阿毘達磨，大德迦多衍尼子等諸大聲聞結集安置。

80) 남방 상좌부 체계에서는 成道後 自受用의 法樂을 누리시던 그 때에 이미 아비달마를 설하실 것을 계획하고 계셨다고 전해진다.

81) 물론 아비달마적 경향을 띠는 經藏이라 할 수 있다. 가령 경전의 형식과 내용에 따른 분류법인 12분교 중의 論議upadeś가 존재하지만 이는 궁극적인 의미에서 아비달마라고 할 수 없다

82) 外道의 慈悲와 비유함으로 설명하신 것은 方便說法의 한 방법으로 볼 수도 있을 것이다.

83) 이상의『阿含經』을 중심으로 살펴 본 초기불교의 내용 속에는 "慈悲"에 대한 개념과 범위 등에 어떠한 상세한 정의도 보이지 않는다.

84) 平川彰/이호근 譯, 『인도불교의 역사上』(서울: 민족사, 1989), p.160.

85) 『아비달마법온족론』7권(T. 26, 485b). 云何爲慈? 謂有一類，作是思惟，'願諸有情，皆得勝樂.

86) 『아비달마법온족론』7권(T. 26, 486c). 云何爲悲? 謂有一類，作是思惟，'願諸有情，皆得離苦.

87) 『아비달마법온족론』7권(T. 26, 485b-486c). 云何無量慈心定加行? 修何加行入無量慈心定? 謂卽於狹小慈心定數數脩習，令心隨順調伏寂靜，數復調練，令其質直柔耎堪能，與後勝定作所依止。然後漸令勝解遍滿，於東方等無量有情皆願得樂。彼於爾時若心散亂馳流餘境，不能一趣不能守念令住一緣，而願無量有情得樂，齊此未名無量慈心定加行，亦未名入無量慈心定。彼若爾時攝錄自心，令不散亂馳流餘境，能令一趣住念一緣，思惟無量諸有情相，而願無量有情得樂，如是思惟，發勤精進乃至勵意不息，是名無量慈心定加行，亦名入無量慈心定。彼於此道生已，脩習多脩習故，便令心住，等住，近住，安住，一趣，等持，無二，無退，願彼無量有情得樂，齊此名爲已入無量慈心定。又，此定中諸心意識，名無量慈俱有心。諸思等思乃至造心意業，名無量慈俱有意業，諸心勝解，已勝解，當勝解，名無量慈俱有勝解。又，此定中，若受若想乃至若慧等，名無量慈俱有諸法，如是諸法，亦得名無量慈心定加行，亦名入無量慈心定。

88) 오형근, 『印度佛教의 禪思想』(서울: 한성출판사, 1992), p.143.

89) 이는 후대의 문헌에 그대로 채용되어 정착되어지며 보살의 실천덕목으로 강조되어진다.

90) 필자는 편의상 이하에서는 범부(凡夫)의 자비를 '자비'라 명명하고 붓다의 자비를 '대자비'로 명명하고자 한다.

91) 프라우왈너(E. Frauwalner)에 의해 제창되고 슈미트(H.Schmidt)에 의해 더욱 강조된 '바수

반두 2인설' 가운데 『구사론』의 저자는 '新바수반두', 즉 『구사론』, 『성업론』, 『유식이십론』, 『유식삼십송』의 저자 바수반두를 말하는 것이다.: 카지야마 유이치/권오민 譯, 『인도불교철학』(서울: 민족사, 1994), p.31.

92) 권오민, 『有部阿毘達磨와 經糧部哲學의 硏究』(서울: 경서원, 1994), p.100.

93) 권오민, 『아비달마불교』(서울: 민족사, 2003), pp.39-40.

94) 平川彰, 앞의 책, p. 165.

95) 『구사론』29권(T.29, 150b). 四中初二體是無瞋, 理實應言悲是不害.

96) 여기서 가리키는 행상이란 수행을 해나가는 구체적인 모습을 의미한다.

97) 『구사론』29권(T. 29, 150c). 此四無量行相別者, 云何當令諸有情類得如是樂？如是思惟入慈等至, 云何當令諸有情類離如是苦？如是思惟入悲等至.

98) 이러한 대목 또한 『법온족론』에 나타나고 있다. 하지만 소연을 점진적으로 넓혀 나아가는 과정을 보다 더 구체화하였다는 점에서 『법온족론』 보다 보다 진일보한 표현이라고 할 수 있을 것이다.

99) 『구사론』29권(T.29, 151a) 初習業位云何修慈？謂先思惟自所受樂, 或聞說佛・菩薩・聲聞及獨覺等, 所受快樂, 便作是念 '願諸有情一切等受如是快樂.' 若彼本來煩惱增盛, 不能如是平等運心, 應於有情分為三品, 所謂親友, 處中, 怨讎. 親he友分三, 謂上中下, 中品唯一, 怨亦分三, 謂下中上, 摠成七品. 分品別已, 先於上親發起眞誠與樂勝解, 此願成已, 於中下親亦漸次修如是勝解. 於親三品得平等已, 次於中品、下中上怨亦漸次修如是勝解, 由數習力能於上怨起與樂願與上親等. 修此勝解既得無退, 次於所緣漸修令廣, 謂漸運想思惟一邑一國一方一切世界, 與樂行相無不遍滿, 是為修習慈無量成. … 中略 … 修悲喜法准此應知

100) 란 붓다와 성문 등이 공통적으로 구유하는 법으로, '무진(無瞋)'을 본질로 하고, 오직 욕계의 유정만을 대상으로 하며, 고고(苦苦)의 행상만을 짓는다.

101) 『구사론』27권(T.26, 141a), 諸佛大悲云何別相？頌曰: 大悲唯俗智 資糧行相境 平等上品故 異悲由八因. 論曰: 如來大悲俗智爲性, 若異此者則不能緣一切有情, 亦不能作三苦行相, 如共有悲.

102) 上同, 此與悲異由八種因. 一, 由自性, 無癡無瞋自性異故. 二, 由行相, 三, 苦一苦行相異故, 三由所緣, 三界一界所緣異故. 四, 由依地, 第四靜慮通餘異故. 五, 由依身, 唯佛通餘身有異故. 六, 由證得, 離有頂欲證得異故. 七, 由救濟, 事成希望救濟異故. 八, 由哀愍, 平等不等哀愍異故. 이러한 '대비'와 '비'가 다른 것은 여덟 가지 이유 때문이다. 첫째는 자성의 차이에 의한 것이니, 무치(無癡)와 무진(無瞋)으로 자성이 다르기 때문이다. 둘째는 행상의 차이에 의한 것이니, 세 가지의 고품와 한 가지의 고를 대상으로 하여 행상을 짓는 것이 다르기 때문이다. 셋째는 소연의 차이에 의한 것이니, 3계와 1계를 소연으로 삼는 것이 다르기 때문이다. 넷째는 소의지의 차이에 의한 것이니, 제4정려와 그 밖의 정려지에 의지하여 일어나는 것이 다르기 때문이다. 다섯째는 소의신의 차이에 의한 것이니, 오로지 부처의 몸과 부처 이외의 몸에 의지하여 일어나는 것이 다르기 때문이다. 여섯째는 증득의 차이에 의한 것이니, 유정지와 욕계를 떠나 증득하는 것이 다르기 때문이다. 일곱째는 구제(救濟)의 차

이에 의한 것이니, 사업의 성취와 희망으로서의 구제가 다르기 때문이다. 여덟째는 애민(哀愍)의 차이에 의한 것이니, 불평등과 평등으로서 애민이 다르기 때문이다.

103) 이는 또한 대승불교의 구경(究竟)이 상(相)을 여읜 '적정열반(寂靜涅槃)'이 아닌 '무주처열반(無住處涅槃)'임을 나타내는 중요한 내용이라고 할 수 있을 것이다.

104) 4장. 불교(佛敎)와 [상승·하강]의 형이상학적 배경 참조

105) 이는 상기에서 설명하였듯이 붓다 교설의 근본의도에 대한 해석의 체계인 아비달마와 정확히 그 발걸음을 같이한다. 이외에도 이러한 자비관의 변천과정에는 붓다에 대한 초인화·신격화되는 과정과 붓다의 본질에 관한 질문에 대한 답의 체계인 불신론(佛身論)의 영향을 상당부분 받는데, 이에 대한 상세한 설명은 4장. 불교(佛敎)와 [상승·하강]의 형이상학적 배경 참조.

106) "We also have some general essays which seek to give a syst ematic history of Mahayana or some aspect of it, but these attempts naturally suffer fr om lack of adequate data.": G.C.Pande, 『Studies in Mahāyāna』(central institute of Ti betan Studies Sarnath, Varansi, 1993), p.1.

107) 平川彰 편·정승석 역, 『대승불교개설』(서울: 김영사, 2001), p.148. ; 시즈타니 마사오·스구로 신죠·문을식 역, 『대승불교』(서울: 도서출판 여래, 1995), p.123.

108) 『대지도론』을 용수의 저작으로 볼 경우 본 논서는 그 저작연대에 있어서 『구사론』보다 앞선다. 그러나 일반적인 불교 내의 견해로 보았을 때 『구사론』이 부파불교의 아비달마 불전으로 취급되는 것에 비해 『대지도론』은 대승불전에 속하기에 사상적 전개에 따라 『구사론』 다음에 배열하였다. 아울러 자비를 설명하는 방식에 있어서도 『대지도론』은 한 단계 더 발전된 형태를 띠고 있다.

109) 『대지도론』27권(T.25, 256b). <論> '大慈大悲'者，四無量心中已分別，今當更略說．'大慈'與一切衆生樂，'大悲'拔一切衆生苦．'大慈'以喜樂因緣與衆生，'大悲'以離苦因緣與衆生

110) 上同. 問曰：'大慈大悲'如是，何等是'小慈小悲'，因此'小'而名爲'大'？答曰：四無量心中'慈悲'名爲'小'，此中十八不共法次第說'大慈悲'名爲'大'．復次，諸佛心中'慈悲'名爲'大'，餘人心中名爲'小'．問曰：若爾者，何以言'菩薩行大慈大悲'？答曰：菩薩'大慈'者，於佛爲小，於二乘爲大，此是假名爲'大'．佛'大慈大悲'眞實最大．

111) 『대지도론』27권(T. 25, 256c). 問曰：若爾者，何以但說'慈悲'爲'大'？答曰：慈悲是佛道之根本．所以者何，菩薩見衆生老病死苦，身苦心苦，今世後世苦等諸苦所惱，生大慈悲，救如是苦．然後發心求阿耨多羅三藐三菩提．亦以大慈悲力故，於無量阿僧祇世生死中，心不厭沒，以大慈悲力故，久應得涅槃而不取證．以是故，一切諸佛法中，慈悲爲大．若無大慈大悲，便早入涅槃．復次，得佛道時，成就無量甚深禪定解脫諸三昧，生淸淨樂，棄捨不受，入聚落城邑中種種譬喩因緣說法，變現其身無量音聲將迎一切，忍諸衆生罵詈誹謗，乃至自作伎樂，皆是大慈大悲力．復次，大慈大悲，'大'名非佛所作，衆生名之．譬如師子大力，不自言力大，皆是衆獸名之．

112) '大慈大悲'에 관한 『대지도론』의 설명은 앞서 살펴보았듯이 처음에는 이 양자의 구분을 분명히 한다. 그러나 위의 인용문구에 이르러서부터 양자에 대한 명확한 구분을 하지 않고 그

자비의 윤리

냥 '大慈悲' 혹은 '慈悲'로 표현한다. 산스끄리뜨 원본이 현재 전해지고 있지 않기에 원래의 표현이 어떠했는지에 대해서는 지금으로서는 알 수가 없다.

113) 『대지도론』27권(T. 25, 257ab). 復次 , 是 '大慈大悲' , 一切衆生所愛樂. 譬如美藥 , 人所樂服. '智慧'如服苦藥 , 人多不樂. 人多樂故 , 稱 '慈悲'爲 '大'. 復次 , '智慧'者 , 得道人乃能信受. '大慈悲'相 , 一切雜類皆能生信. 如見像若聞說 , 皆能信受. 多所饒益故 , 名爲 '大慈大悲'. 復次 , '大智慧'名捨相、遠離相 , '大慈大悲'爲憐愍利益相. 是憐愍利益法 , 一切衆生所愛樂 , 以是故名 復次 , 是大慈大悲 , 一切衆生所愛樂. 譬如美藥人所樂服. 智慧如服苦藥人多不樂. 人多樂故 , 稱 '慈悲'爲 '大'. 復次 , 智慧者 , 得道人乃能信受 , 大慈悲相 , 一切雜類皆能生信. 如見像若聞說 , 皆能信受. 多所饒益故 , 名爲 '大慈大悲'. 爲 '大'.

114) 『대지도론』27권(T.25, 257bc). 問曰 : 大慈悲雖是佛法根本 , 故是有漏. 如淤泥中生蓮華 , 不得言泥亦應妙. 大慈大悲亦如是 , 雖是佛法根本 , 不應是無漏 ! 答曰 : 菩薩未得佛時大慈悲 , 若言有漏 , 其失猶可. 今佛得無辱解脫智故 , 一切諸法皆淸淨 , 一切煩惱及習盡. 聲聞辟支佛 , 不得無辱解脫智故 , 煩惱習不盡 , 處處中疑不斷故 , 心應有漏. 諸佛無是事 , 何以故說佛大慈悲應是有漏 ?

115) 서양철학의 전통에서 윤리의 기본적 베이스는 '사랑'이다. 사실 필자의 편견적 이해일 수 있겠지만 '선(善), good'은 이러한 '사랑'을 기반으로 펼쳐질 일종의 깨달음의 상징적 표현이지만, 서양철학 역시 '사랑'이라 명명하면 기독교의 대표가치인 '사랑' 개념과 혼동할 소지가 있기 때문에, 여기에서는 편의상 '선'이라는 명칭을 사용했다. 하지만 '선'이라고 했을 때, 그 개념 속에 '사랑' 혹은 '연민'의 개념을 포함한 총칭(總稱)임을 염두해주길 바란다.

116) 기독교의 '사랑'의 개념에 대해서는 아가페(agape)인지 에로스(eros)인지, 이 둘의 통합적 개념인 카리타스(caritas)인지 해석의 상이함이 있다. 여기서는 통상적으로 기독교 윤리의 중심 개념인 "사랑"이라고 총칭하였다.

117) 여기에서 필자는 '형이상학'을 오늘날에 일반적 용어로 사용되는 '추상적 개념'이라는 의미보다는 포스트모더니즘(post mordenism)의 주류적 철학 사조인 '구조주의'*의 방법론과 유사한 의미로, 어떤 개념이나 이론의 이해를 위한 '선험적인 틀', 혹은 개념이나 이론의 성격을 규정하는 '규정하는 틀'로 사용하고자 한다.

⊙ 구조주의(構造主義): 구조주의라는 술어는 제 구조들과 관계들에 초점을 둔 일체의 분석에 적용되는 매우 포괄적인 표현이다. 하지만 통상적으로 구조주의는 유럽, 특히 프랑스를 중심으로 발흥(영.미권의 학자들은 구조주의를 french critism이라 부름)한 사상의 한 줄기로서, 소쉬르*에서 유래로 이어지는 새로운 언어학('구조언어학')의 개념과 방법론을 레미-스트로스*가 인류학, 사회적·문화적 현상에 도입함을 시작으로, 1960년대 프랑스 학계의 모든 분야는 물론 전 세계적으로 확립된 학문적 방법론과 사상을 의미한다.

⊙ 소쉬르: 제네바 태생으로 언어학자. 소쉬르는 언어의 규칙적이고 일반적인 차원인 랑그(langue)와 개인적이고 유동적인 차원인 파롤(parole)을 구분했으며, 언어학의 대상을 랑그로 한정했다. 또 공시태와 통시태를 구분하고 공시태에 초점을 맞춤으로써 언어를 구조적으로 분석할 수 있게 했다. 이런 점에서 소쉬르는 현대 구조주의 언어학의 창시자라고 할 수 있다. 그리고 그의 제자들이 편집해 낸 <일반 언어학 강의>는 현대 언어학의 고전으로 손꼽힌다./엘리자베스 外(이정우 역), 『철학사전』(서울: 도서출판 동녘, 2000), p.164.

⊙ 레비-스트로스: 1908년 프랑스 브뤼셀에서 태어난 그는 1927년부터 1932년까지 파리 대

학에서 철학을 공부하고 철학교수자격을 획득한 후 1년 동안 강단에서 선 후 브라질 상파울
루 대학에서 강의를 하면서 인류학에 입문하게 되었다. 브라질에 오래 머물면서, 그는 전통
인디언 사회의 다양한 문화(친족 관계, 신화 등)를 연구했으며, 2차 대전 중에 미국 뉴역에서
로만 야콥슨을 만나 그에게서 구조주의 언어학을 배웠다. 1958년 이래 콜레주드 프랑스에
서 구조주의 인류학을 강의하고 있다. 저서로는 구조주의 인류학의 기념비적인 저작인<친족
체계의 기본구조>, <슬픈열대>, <구조주의 인류학> 등이 있다.: 위의 책., p.91. ; 임봉길 外,
『구조주의 혁명』(서울: 서울대학교 출판부, 2000), pp. 121-122.

118) 가령 오늘의 양자역학은 조금 다른 경우이지만, 갈릴레오와 뉴튼을 시작으로 한 고전물리학
과 현대 물리학의 시초인 아인슈타인 까지만 해도 과학은 하나의 뚜렷한 형이상학적 배경을
가지고 있었다. 흔히 이 배경을 '이신론(理神論)적 우주'라고 하는데, 그 내용은 다음과 같다.
하나님이 이 우주를 창조할 때 이 우주가 작동할 수 있는 이법(理法)마저 같이 창조하여 이
우주에게 주어버렸음으로 하나님은 이 우주를 창조함과 동시에 이 우주와 손을 때다는 것
이다. 그러므로 이 우주는 하나님의 질투나 사랑이나 저주나 협박에 아랑곳없이 그 자체의
이법에 의하여 운행될 뿐이데, 그 이법인 바로 '수학적 법칙'에 의하여 탐구될 수 있는 매우
합리적 질서라는 것이다. 그러므로 갈릴레오는 이 우주를 가리켜 '수학의 언어로 쓰여 진 바
이블'이라고 불렀으며, 아인슈타인은 '신은 주사위를 던지지 않는다'고 한 것이다.: 서양근대
철학회, 앞의책, pp.104-105.

119) 강영안, 앞의 책, p. 253.

120) 근대로부터 이어져 내려온 형이상학은 형이상학이 과학이 됨으로써 그 본래의 의미를 상실
했다고 하이데거는 보고 있다.: 강영안, 앞의 책, pp. 253-254.

121) Martin Heidegger, Was ist Metaphysik?, Frankfurta.M.,: 이기상 역, 『형이상학이란 무
엇인가』(서울: 서광사, 1995)

122) 하이데거에게 있어서 형이상학은 존재(sein)에 대한 물음과 함께 시작되며, 그것은 단순히
존재자를 연구하는 학문 중의 하나, 철학의 분과중의 하나로서의 학문이 아닌, 제일 철학으
로서의 학문, 즉 인간 현존재(de sein)와 더불어 일어나고 있는 하나의 근본적인 사건이라고
주장한다. 형이상학은 강단 철학의 한 분과도 아니며 임의적인 착상의 한 영역도 아니다. 형
이상학은 현존재에서 일어나고 있는 근본사건이다. 그것은 현존재 자체이다. 이러한 인간 현
존재에 일어나고 있는 근본사건이 바로 형이상학이며, 그 근본 사건이 바로 <형이상학적 원
초사실>이라고 하이데거는 명한다. 따라서 형이상학을 가능하게 하는 <형이상학적 원초사
실>이 인간 존재와 관련되어 있는 이상, 이 근본적인 사건은 그 개념의 처음 사용자였던 아
리스토텔레스 이전에도 있었고 서양의 문화권에서도 다른 형태로 일어
났으며 지금도 계속해서 일어나고 있다고 하이데거는 보고 있다. 즉 하이데거는 지금도 형이
상학이라는 것은 인간의 삶 깊은 곳에서 인간과 함께 존재하고 있다고 본 것이다. 하지만 하
이데거에 의하면 이 근본적인 사건에 대한 연구가 오늘 날 우리가 사용하고 있는 형이상학이
(바로 아리스토텔레스 <형이상학>이라는 책이름으로부터 유래되고 있지만) 실상은 그 "원
초 낱말"이 아니라고 보았다. 다시 말해 형이상학이라는 그 개념자체가 인간경험의 역사 속
에서 전승되어오면서 그 본래적 개념이 은폐되어 망각의 역사로 사라졌다는 것이다. 따라서
하이데거는 그러한 원초 낱말의 의미와 변천을 연구함으로써 <형이상학의 복원>이라는 그
의 학문적 과제를 수행한다. 이러한 형이상학이라는 대한 개념 연구가 본론에서 필자가 사용
하고자 하는 '형이상학'이라는 개념과 밀접한 연관을 가지고 있기에, 여기에서 본론의 논지
에서 조금 벗어날지 모르지만 보다 깊은 이해를 잠깐 설명하고자 한다.(그 원초 낱말은 "메
타 타 피지카", 더 정확하게 이야기 하면 "타 메타 타 피지카"라는 희랍 단어로까지 소급되

자비의 윤리

지만, 그 원어로까지 설명을 확대하면 내용자체가 너무도 확장되기에 여기에서는 하이데거가 사용하는 그 원초낱말의 해석에 초점을 맞추고자 한다) 하이데거가 지칭하는 형이상학이라는 원초 낱말은 희랍 단어 "메타 타 피지카(meta ta physcia)"에로 소급된다.

❶ 피지스와 <피지카>(자연과 <자연학>)

이 단어에는 우리가 통상 "자연"이라고 번역하고 있는 피지스(physis)가 간직돼 있다. 독일어 번역인 "Natur(자연)"는 "태어남, 생성, 성장"을 뜻하는 라틴어 "naturanasci"에서 유래한다. 이 라틴어의 의미는 또한 동시에 희랍어 "피지스"의 근본 의미이기도 하다. 따라서 "피지스"는 "성장하는 것, 성장, 그런 성장에서 성장된 것 자체"를 의미한다. 그런데 우리는 여기에서 "성장", "성장함"을 인간의 원초적 경험에서 일어나고 있는 아주 근본적이고 넓은 의미로 받아들여야 한다. 즉 예를 들어 식물, 동물 등의 성장, 즉 그러한 성장이 순전히 고립된 독자적인 진행과정으로서의 식물 또는 동물의 생성과 소멸만을 의미하는 것이 아니라, 사계절의 한 가운데에서 이 사계절의 변화에 의해, 낮과 밤의 교체의 한 가운데에, 별들의 운행한 가운데에, 폭풍과 날씨에 의해 관장되고 있는 사건으로서, 그 모든 것이 다 함께 어우러져 일어나는 것의 성장인 것이다. 그래서 하이데거는 "피지스"를 성장이라고 번역하지 않고 "존재자 전체가 스스로 자신을 형성하고 있는 전개"라고 옮긴다. 따라서 하이데거에 있어 피지스의 의미는 단순히 독립적으로 성장하는 존재자의 의미가 아닌, 성하는 것으로서의 성함, 즉 존재자를 가능하게 하는 근거에 대한 물음인 것이다. 따라서 이러한 물음에 대하여 일어나고 있는 모든 것이 전부 소피아, 즉 고대 희랍 철학자들의 관심사였다고 하이데거는 규정한다.

❷ <피지스>의 근본의미의 이중성

하이데거의 의하면 고대 희랍의 이러한 피지스의 근본의미는 그 자체가 이미 이중적이다. 피지스, 즉 성하고 있는 것은 단지 "성하고 있는 것" 자체만을 말하고 있는 것이 아니라. "성함에서 성하고 있는 것", 또는 "성하고 있는 것의 성함"도 말하고 있는 것이다. 그런데 여기에서 중요한 것은 고대 희랍에서는 피지스의 이러한 두 의미가 어느 한 쪽을 특별하게 강조한 것이 아니라, 그 둘이 나란히 함께 병행하고 있었다는 사실이다. 즉 처음부터 피지스 안에 간직돼 있는 그러한 두 의미가 똑같이 본질적인 것으로 표현되고 있었다는 것이다. 이러한 피지스의 이중의미에 대한 물음은 고대 희랍철학, 그 중 아리스토텔레스의 철학에서 정점을 이루고 있다.

❸ 아리스토텔레스의 <피지스>

아리스토텔레스에게 있어서도 성하고 있는 것의 성함과 이 성하고 있는 것 자체는 은폐성에서 벗어 나오자마자 존재자로서 드러나게 된다. 이 존재자가 각양각색의 다양함과 풍부함 속에서 인간의 삶 속에 밀려들어오며 관심을 자기에게로 끌어들여 인간으로 하여금 존재자의 특정한 영역과 분야에 관여하게 만든다. 다시 말해 피지스 전체에 대한 물음과 더불어 동시에 이미 특정한 물음의 방향이 일깨워지는 것이다.(이러한 철학함에서부터 우리가 나중에 학문 또는 과학이라고 부르게 되는 개별철학이 일깨워진다. 즉 과학이 철학함의 양식들과 방식들이지, 흔히 생각하듯이 그 반대인 철학이 과학의 한 방식이 아닌 것이다) 이러한 피지스 전체에 대한 물음에 의해 일깨워진 특정한 물음은 아리스토텔레스에 의하여 <학문> (<과학> 내지 <학문>에 대한 희랍어는 "에피스테메"이다. "에피스타스타이"는 "하나의 사태에 가까이 접근함, 그 사태에 정통해 있음"을 말한다. 그럴 경우 에피스테메는 하나의 사태에 접근함, 그 사태에 정통함, 그 사태에 숙달함, 그 사태에 꿰뚫어 앎을 의미한다) 이라는 의미를 획득하게 된다. 따라서 아리스토텔레스에게 있어서도 성하고 있는 것의 성함과 성하고 있는 것에 대한 물음이 그의 철학함의 전 과제였던 것이다.(아리스토텔레스는 그의 철학함에서 성하고 있는 것의 성함, 즉 존재자의 본질에 해당하는 부분을 "우시아"라고 지칭한다) 다시 말해 <피지스>라는 부분이 오늘 날과 같은 개별학문으로서의 과학에 해당하는 자연학의 의미만을 지니는 것이 아니라. 그 자연학을 자연학이게끔 해주는 근거, 즉 <성하고 있는 것의 성함>, 다시 말 해 존재자를 존재자이게끔 해주는 존재자의 본질에 대한 추구까지도 포함되어 있었던 것이다.(실상 아리스토텔레스에게서 <피지스>에서는 단순히 개별자인 "피제이 온타"(자연존재자)에 대한 물음만이 포함되어 있는 것이 아니라. 피제이 온타의 최종규정자인 "테이온"(神的인 것)까지 <피지스> 물음의 영역에 포함되어 있다)

❹ 철학의 강단화
아리스토텔레스는 기원전 322년에 죽는다. 그의 죽음과 더불어 그의 <철학함의 이중성>은 사라져버리게 되고. 철학의 강단화가 이루어지게 되며, 그러한 강단화는 생생한 철학적 물음을 죽어버리게 한다. 그리하여 모든 학문과 모든 존재자에 대한 근본 된 질문에 대한 철학함이 전문과목들과 철학분과들 내부에서의 체계 잡힌 정리정돈에 의하여 대치되면서, 그 정리정돈은 철학을 그 주제와 취급방식에 따라 세 개의 철학분과, 즉 논리학, 자연학, 그리고 윤리학으로 나누어지게 된다. 그런데 문제는 아리스토텔레스는 정작 자신의 저서를 몇 권 출간하지 않았으며, (대부분의 그의 저작들이 원고나 강의초고, 강의기록의 형태로 보존되어 왔음) 그의 저작을 기원적 1세기가 되어서야 학도들이 체계적으로 정리하고자 시도했다는 데 있으며, 그 분류의 기준이 당시에 가지고 있었던 지평, 즉 논리학, 자연학, 윤리학이라는 세분과였다는데 있다. 그런데 하이데거에 의하면 그들(아리스토텔레스의 자료를 수집하고 정리하던 사람들)은 아리스토텔레스의 저작 중에서 그 자신이 <프로테 필로소피아>라고 부른, ("본래적인 철학함"이라고 지칭한) 다시 말해 존재자 일반과 본래적인 존재에 대한 물음을 제기하고 있는 저서를 발견하게 되었는데. 당시의 지평(강단 철학) 속에 이 작품을 넣을 수 없었다고 한다. 즉 <프로테 필로소피아>가 당시 강단 철학의 세 가지 지평에 속할 수 없었던 것이다. 그들은 자세히 그 저작을 살폈고 제일 철학에서 다루어지고 있는 물음들이 강단철학이 자연학에서 다루고 있는 물음들과의 일종의 유사성을 발견하게 되었다고 하이데거는 말한다. 하지만 그 유사성에도 불구하고. 제일 철학에서 다루고 있는 물음이 훨씬 더 넓고 근본적이었기에, 그들은 아무 문제없이 자연학 속에 쉽사리 넣지 못하고 자연학 뒤에, 다음에 그 저작을 놓게 되었다고 하이데거는 본다. 희랍어로 "뒤에, 다음에"는 "메타"meta인데, 그래서 사람들은 본래의 철학을 자연학 뒤에(메타 타 피지카)놓았다. 이리하여 본래의 철학, 즉 <프로테 필로소피아>가 <메타 타 피지카>로 불리게 되었던 것이다. 그런데 재미있는 것은 우리가 <형이상학>이라고 부르는 그 명칭이 어떤 특정한 의미를 포함하고 있는 것이 아니라 당시의 강단 철학자들의 당혹스러움에서 생겨나온 표현, 즉 내용상으로는 아무 것도 말하는 바가 없는 순전히 기술적인 제목일 뿐이었다는 것이다. 그런데 하이데거에 의하면 또 한 가지 주목할 사실이 "메타"라는 단어에 있는데. 그것은"메타"라는 단어가 "어떤 것에서부터 떠나 어떤 것에로"라는 일종의 "전환"의 의미를 가지고 있다는 데 있다. 이는 "메타 타 피지카"가 <메타피지카(Metaphysica)>라는 라틴어로 합성되면서 그 의미를 획득하게 된다. 이리하여 라틴어 <메타피지카>는 "하나의 사태에서 다른 사태에로 넘어감", 즉 존재자 일반과 본래적인 존재에 대한 물음, 다시 말해 감각적인 것을 넘어 초감각적인 것에 대한 학문과 인식을 지칭하는 칭호가 되는 것이다.(이것은 라틴어의 의미를 분석하면 보면 분명해진다. <메타>의 첫 번째 의미인 "뒤에. 나중에"는 라틴어로 "post"이고, 두 번째 의미는 "trans"이다) 이리하여 기술적인 칭호인 <형이상학>이 이제 <프로테 필로소피아>의 내용적인 지칭으로 바뀌게 된 것이다.: 이기상, 『하이데거의 존재 사건학』(서울: 서광사, 2003), pp.79-98.

지금까지 하이데거가 바라본 관점을 통하여 <형이상학>이라는 의미를 살펴보았다. 이상의 내용을 통하여 한 마디로 <형이상학>을 정의한다면, <형이상학>이란 "존재자를 규정짓는 존재에 대한 물음"이라고 말할 수 있을 것이다. 따라서 형이상학은 단순한 존재자에 대한 이해가 아닌 존재자에 대한 이해를 위한 "선험적인 틀", 혹은 존재자의 성격을 규정하는 "규정하는 틀"이라 이해해도 무방할 것이라 생각되어진다. 그렇다면 학문이나 어떤 이론에 이 <형이상학>이라는 개념을 적용한다면 어떻게 되겠는가? <형이상학>은 바로 학문이나 이론의

자비의 윤리

성립을 위한(물론 현대에 있어 형이상학도 하나의 학문이지만) 선험적인 틀이 될 것이며, 이 틀을 통하여 해당 학문이나 이론이 규정됨과 동시에 본래적인 이해가 이루어 질 것이다. 이로부터 우리는 대부분의 학문이나 이론은 그것을 형성시키는 각기 고유의 형이상학적 배경을 전제로 하여 성립한다는 의미를 획득할 수 있는 것이다.

123) "내증을 통한 외증화": 제2회 불교생태학 세미나, 앞의 책, p.7. ; "학문을 통한 계몽화", : 이기상, 『철학노트』(서울: 까치글방, 2002), pp.101-126. ; "자리를 통한 이타화(복음화 or 사회화)": 조석만, 『현대신학』(서울: 1992, 성광문화사), pp.207-209. 등.

124) 이 말은 화이트헤드* 학문의 제3기에 해당하는 시기에 어느 강의에서 했던 말로서 서양철학사를 예리하게 통찰한 그의 명언이다. 참고로 화이트헤드의 학문은 크게 3시기로 구분하는데, 제1기는 러셀과 공동으로 <수학원리 (Princpia Mathematica)>를 집필함으로써 수학기초론과 현대논리학에 지대한 공헌을 했던 시기이며, 제2기는 아이슈타인의 상대성 원리를 계기로 하여 현대 물리학의 철학적 탐구의 길로 나아가 <자연인식의 원리에 대한 고찰>등 그의 독창적인 자연과학의 철학을 형성시켰던 시기이며, 마지막 제3기는 하버드 대학 철학 교수로 부임했던 시기와 더불어 시작되며 그의 독특한 유기체 철학을 전개한 시기이다.

   * 화이트헤드(A.V.Whitehead, 1861-1947)-영국태생의 수학자이며 철학자임. 플라톤,아리스토텔레스,라이프니츠의 영향을 받았다. 그는 자기의 체계 안에서 자연과학들의 모든 성과들을 다 이루려고 애썼다. 그에 의하면, 세계는 사건들로 이루어져 있고, 모든 사건은 동시에 일종의 파악이요 유기체이다.

125) 이기상, 『철학노트』, p.191.

126) 소크라테스를 비유하였음.

127) 그리고 사슬 풀린 죄수가 암흑에서 빛으로 나갈 때 눈이 부셔서 상당기간을 고생하여 적응하게 되고, 또 빛에서 어둠으로 들어갈 때도 갑자기 컴컴해져 동굴 속의 상황에 눈이 다시 적응하느라 곤욕을 치루는 장면들을 자세히 묘사하고 있다.

128) 이 내용은 『국가』(박종현 역, 서울: 서광사, 1997, pp. 448-453)를 중심으로 참조하였다.

129) 플라톤이 세운 "아카데미아"의 중앙에 올페우스교의 신전이 있었다고 한다.

130) 그와 더불어 비유의 궁극적 모델이(학문적 이상과 학문의 방법론) 그의 스승 소크라테스였다 것 또한 주목해야할 부분이지만, 이 부분에 대해서는 후에 설명하도록 하겠다. 왜냐하면 소크라테스 또한 올페이즘의 영향 아래 있기 때문이다.

131) 흔히 우리는 피타고라스*를 냉철한 공리를 발견한 수학자이며 과학의 원조라고 생각했지, 그가 이집트, 페니키아, 바빌론 등지에서 신비종교를 체험하고 남부이태리 희랍식민지에 신비교단을 세운 교주이며, 인도인의 세계관과 동일한 윤회관을 믿었고, 윤회를 벗어나기 위하여 가혹한 금기의 계율을 실천했던 올페이즘의 신봉자라고 보지는 않는다. 이는 서구문명의 뿌리를 지나치게 근대과학의 근원으로서 찾으려고 한 나머지, 그 문명의 총체적 조망을 하지 않고 단지 근대 과학적 사유에 합치되는 어떤 연역적 사유체계로서의 희랍문명의 그림만을 그린데서 오는 오류인 것이다. 이처럼 철학은 종교와 밀접하게 연관을 지니고 있었으며, 학문을 단순히 오늘날과 같은 사변적인 것으로 보지 않고 영혼의 구원을 위한 수행의 방법으로 생각했던 것이다. 이러한 학문에 대한 이상은 플라톤에게 와서 더욱 구체화, 체계화 되며, 이

는 후에 헬레니즘과 헤브라이즘의 만남 속에 더욱 구체화 되어 서구 철학 전체에 막대한 신화를 심어놓게 된다.

* 피타고라스(Pythagoras B.C 6세기경의 철학자.수학자.종교가) 사모스(Samos)의 명문 귀족가문에 태어난 그는 이집트 각지에서 지식을 얻고 남이탈리아 크로톤에 종교 및 학술 단체인 그의 학파를 세운 뒤 왕성을 활동을 하다 죽게 된다. 그의 학풍은 그의 제자들과 교도들에게 전승되었으나, B.C 440년경에 격렬한 박해로 인하여 많은 교도들이 죽게 되며, 이로 인하여 그의 저작 대부분이 소실되며, 오로지 몇몇의 시의 형식으로 기록된 단편만이 존재한다. 후에 플라톤이 피타고라스의 학문의 이상을 전수한다.: 성균서관, 『세계철학대사전』(서울: 성균서관, 1977), p.1167.

132) 파르메니데스(Parmenides, B.C 544-501): 희랍 철학자. 남이탈리아 엘레아 출생으로, 이러한 그의 출생지 명칭을 따서 그의 학파를 "엘레아 학파"라고 한다. 그는 당대의 철학자 헤라클레이토스를 겨냥해 대부분 그의 사상을 발전시켰는데, 일자(一者)를 중심한 사상이 그 핵심이다.: 위의 책, p. 1157.

133) 이건표, 『비트겐슈타인의 철학과 마음』(서울: 자유사상사, 1992), pp.326-335.

134) 이러한 희랍의 학문적 이상은 중세 기독교 철학에 수용되면서 더욱 강력한 빛을 발한다. 즉 희랍의 학문적 이상과 믿음에 의한 종교적 구원의 성취. 이러한 학문적 이상은 근대의 철학에 있어서도 여전히 나타나게 된다. (데카르트, 훗설 등)

135) 보다 더 설명한다면 플라톤에게 있어서도 영혼의 윤회설, 소마세마, 영육 이원론 등 올페우스교의 대부분의 교리가 그대로, 아니 보다 더 구체적으로 나타난다. 그는 영혼이 본래 천상의 세계에 살았으며, 망각의 강을 건너 육체에 갇혔으며(육체감옥설), 그리하여 영혼은 본래 살던 곳으로 돌아가고자 끊임없이 노력(eros)한다. 이러한 본래의 곳으로 돌아가기 위한 영혼의 자기 노력의 방법이 바로 수학과 철학이었으며, 그것이 바로 플라톤에게 있어 학문의 이상이었던 것이다. 즉 학문의 이상은 바로 영혼의 구원, 즉 영혼의 자기 정화에 있었던 것이다.

136) 이기상, 『철학노트』, p.232.

137) 이 비유에 있어 사슬이 풀려 진리를 체득하는 죄수가 바로 플라톤의 스승 소크라테스를 모델로 하고 있다. 즉 플라톤에게 있어서 소크라테스는 단순한 사변적 철학자.사상가가 아닌 흡사 종교에 있어 예언자적인, 선지자적인 사명을 가진 중보자와 유사한 성격을 지닌다 할 수 있으며, 학문은 단순히 자기만의 사변에 머무는 것이 아니라, 깨달음을 통한 실천, 즉 계몽화까지 그 영역에 포함되어있었던 것이다. 따라서 플라톤에게 있어 최초의 학문의 이상을 완성한 이는(즉 자기 영혼의 완성과 그를 통한 계몽화를 완성한 이) 바로 그의 스승 소크라테스였던 것이다. 사실 이 비유의 마지막 부분, 죄수의 죽음 또한 당시의 증상.모략으로 죽임을 당하였던 소크라테스의 모습을 잘 대변해준다 할 수 있다. 이렇듯 <동굴의 비유>는 두 가지 부분에서 그의 스승 소크라테스를 모델로 하고 있는데, 하나는 철저하게 학문적 이상을 그의 삶을 통하여 완성한 그의 삶이었고, 또 다른 하나는 바로 소크라테스가 사용한 학문적 방법론이었던 것이다. 그런데 한 가지 더 흥미로운 사실은 이러한 <동굴의 비유>가 신약성서에 나타난 예수님의 자기 이해와 거의 동일성을 띤다는 것이다. 이에 대한 부분은 후에 기독교를 살펴보면서 보다 상세히 설명하도록 하겠다.

138) 이러한 두 과정(상승,하강)을 학문적 방법론으로 최초로 시도한 것은 바로 플라톤의 스승 소크라테스였으며, 플라톤 또한 스승의 학문적 방법론을 계승한다. 아리스토텔레스가 칭송하

는 저 유명한 방법, "에팍티코 로고이"와 "호리세스타이 카토루"가 바로 그것이다. 소크라테스는 이 두 가지 방법을 중심으로 문답법을 위한 기초적인 개념과 그를 통한 보편적인 진리를 제시하는데, 그는 "에팍티코 로고이"를 보편적인 사고를 이끌어내는 사고요 연구로, 그리고 "호리세스타이 카토루"를 보편자의 도움을 받아 개별적인 것들의 윤곽을 그리고 한게지우고 규정하는 것으로 보았던 것이다. 이러한 두 방법은 논리적인 부분뿐만 아니라 인식론에서도 그대로 나타난다. 어쨌든 소크라테스는 이를 통하여 모든 것들의 공통적이고 보편적인 형상(eidos)를 발견하게 되는데, 형상이란 그것으로 하여금 그것이게끔 해주는 무엇, 즉 존재의 근거인 것이다. 이러한 상승·하강 과정의 방법론은 플라톤에게 있어서도 그대로 나타나게 되는데(idea), 단 소크라테스와 차이가 있다면 플라톤에게 있어서는 상승·하강의 과정이 인식론뿐만 아니라 존재론적으로 그 의미를 확대했다는 것뿐이다.

139) 이기상, 『철학노트』, p.232.

140) 실상 反플라톤주의를 표방하는 니체 같은 경우에도 이러한 플라톤의 학문적 영향이 그대로 나타난다. 그의 사상이 응축이라고 할 수 있는 말년 저작인 "짜라투스트라는 이렇게 말했다"에서 우리는 그러한 경향을 살펴볼 수 있는데, 산으로 올라간 이가 오랜 기간 동안 수행의 과정을 거친 후 사람들을 위해서 다시 산에서 내려오는 과정, 그러한 과정 자체가 플라톤의 영향임을 짐작할 수 있다.

141) 요한복음.

142) 불트만(Bultman, Rudolf 1884년생): 독일의 실존신학자. 1912년 마르부르크(Marburg)대학 신약성경 강사, 1916년 브레슬리우(Bresalu)대학 대우교수, 1921년 마르부르크 대학 교수. 역사적.비판적 신학에서 출발하였으며, 양식사적 연구방법을 신약성서 연구에 도입하여 연구해 왔다. 그리고 그는 같은 대학교 철학 교수 하이데거에게 깊은 영향을 받았으며, 그의 현존재 분석을 그의 신학에 도입하여 연구하였다.

143) 영지주의와 기독교는 서로 많은 영향을 주고받았다.(물론 후대에 니케아 논쟁들로 인하여 영지주의가 기독교에서 이단으로 정죄되지만)사실 기독교의 정경이나 교리의 체계 확립은 거의 대부분이 영지주의와의 논쟁 속에서 이루어졌다고 해도 과언이 아니다. 하지만 실상 초기 기독교에서 이러한 영지주의를 자신들과 대립되는 현상이 아닌 내부의 한 현상으로 여겼을 만큼 많은 영향을 기독교에게 주게 된다. 그렇다면 영지주의란 무엇인가? 영지주의는 그 정의 자체가 불가능하다. 왜냐하면 그 개념 자체가 너무도 넓은 의미로 쓰였고, 또한 그 사상의 추구방식이 혼합절충주의(syncretism)를 표방하기에 많은 사상들의 복합적으로 영지주의 속에 뒤섞여져 있기 때문이다. 그래서 어떤 학자는 영지주의가 자아에 관한 신비한 직관이라고 명하기도 한다. 이러한 영지주의는 몇 가지 뚜렷한 특징을 가지는데(실상 이러한 영지주의적 혼합주의가 뚜렷하게 등장한 것은 기독교의 등장이후였다) 우선 영지주의는 영,육을 구분하고, 물질적인 것을 악한 것으로 본다. 따라서 영지주의에 있어서는 육체도, 이 세상도 모두 악한 것으로 비본래적인 것으로 바라본다. 그들에게 있어 본래적 자아는 바로 영혼인데, 타락으로 인하여 육체에, 그리고 이 세상에 영혼이 갇히게 되었다고 보는데, 본래의 자기에 대한 지식, 그리고 본래의 곳으로 돌아가는 곳에 대한 지식이 바로 "영지"이다. 이러한 영지주의는 기독교와 유사한 부분도 있지만, 뚜렷이 대립되는 부분도 가지고 있다. 가령 영지주의는 이 세상은 물질이기에 선한 신이 이 세상을 창조하지 않았다고 보는 것이나(이러한 창조의 과정을 그들을 플라톤의 사상으로 설명한다), 영혼만이 본래의 자기이기에 육체에 일어나는 모든 것을 경멸하는 것이나(따라서 이러한 인간관에는 두 가지 도덕성을 발생시킬 수 있는데, 하나는 극단적인 금욕이요, 다른 하나는 방종이다. 하지만 영지주의자들은 모두 금욕적인 삶을 살았는데, 그들은 구약의 율법은 지키지 않은 것으로 보인다. 이러한 부분에서

173

영지주의는 당시의 기독교 정통파의 오해와 박해를 받게 된다) 물질 자체를 경멸하기에 예수의 육체적 부활을 믿지 않은 것 등이다. 이러한 영지주의에는 이 세상과 본래의 세계인 신의 세계를 연결하는 중간적 중재자가 있는데, 이에 의해서 영지의 가르침을 받게 되며, 본래의 세계로 돌아가기 위한 부단한 자기노력을 하게 된다. 즉 영지주의에서는 본래의 자기에로의 회복과 그를 위한 노력이 그 중심적인 내용이라 할 수 있다.

144) 불트만의 이에 관한 연구는 그의 『요한복음서 연구』上,下 (허역 역, 서울: 성광문화사, 1979)와 『신양성서신학』(허역 역, 서울: 성광문화사, 1976) 두 권에 집중되어 있다.

145) 요한 복음의 '로고스(logos)'는 그 외형은 희랍의 개념을 빌리고 있지만, 그 내용은 전혀 다르다. 희랍철학에 있어서 로고스가 세계에 일어나는 사건들의 일정한 법칙이라면, 요한복음의 로고스는 인격적이며, 초월적인 개념이다. /"태초에 말씀이 계시니라. 이 말씀이 하나님과 함께 계셨으니 이 말씀은 곧 하나님이시니라. 그가 태초에 하나님과 함께 계셨고, 만물이 그로 말미암아 지은 바 되었으니 지은 것이 하나도 그가 없이는 된 것이 없느니라…."(요 1/1~)

146) 이는 <동굴의 비유>에서 살펴본 플라톤의 사상과 그의 사상에 지대한 영향을 준 올페이즘과 많은 유사성을 띤다.

147) 이는 전통적으로 이란의 이슬람 이전의 토착사상인 조로아스터교의 근본전제가 되는 것이다. 영지주의는 또한 영혼과 육체의 철저한 이분을 전제로 하고 있다는 면에서 희랍의 올페우스교와 상통하고, 또 플라톤의 이데아론, 특히 그의 동굴의 비유가 올페이즘의 영향에서 생겨난 신화의 한 형태라고 본다면, 그 기본발상의 유사성은 이미 많은 학자에 의하여 지적된 바 있다.

148) 허역 역, 『요한복음서연구』, pp.14-26.

149) 영지주의의 기원에 관한 여러 추측들이 있다.(왜냐하면 영지주의 개념자체의 정의가 불가능할 정도로 많은 내용들이 혼합되어 있기에) 이란의 종교적 이원론(조로아스터교), 플라톤의 이원론, 유대교 신비주의자들의 묵시적 사상, 피타고라스와 플라톤 등에게 영향을 준 올페우스교. 단지 추측뿐이지만 이 가운데 학자들이 가장 설득력이 있는 것으로 그 기원이 올페우스교* 있다는 것이다.

*이에 대해서는 엘리아데(Mircea Eliade)의 저서 <잘목시스: 스러져가는 하나님 Zalmoxis: The Vanishing God>에 잘 나타나 있다.

150) 조석만, 앞의 책, pp. 257-273.

151) 북구의 4개의 복지 국가의 신학을 말하는데, 덴마크, 스웨덴, 핀란드, 노르웨이를 말한다. 이들은 루터의 종교개혁을 받아들여 루터주의 국교회국이 되었으며, 덴마크의 키에르케고르와 스웨덴의 룬드학파가 현대 신학에 독자적인 입장을 통한 많은 영향을 주었다.

152) 이 도시명의 이름을 따서 "룬드학파"라 불린다.

153) 구스타프 아울렌(Gustav Aulen)은 오랫동안 룬드대학의 조직 신학교수로 있었으며, 후에 감독이 되었다. 그는 모티브 연구의 방법에 따라서 종교개혁까지 존재했던 3유형의 속죄론에 대하여 <승리자 그리스도>에서 연구하였다.

자비의 윤리

154) 이 책의 부제는 <기독교의 사랑의 관념 연구>이다.

155) 이러한 에로스는 위에서 살펴본 플라톤에게 있어 학문을 위한 중요한 모티브였다. 즉 본래의 자기를 사랑한 나머지 본래의 자기에게로 돌아가고자 하는 노력, 행위, 그 자체가 바로 에로스였던 것이다. 하지만 사실 에로스라는 개념은 기독교, 즉 헤브라이즘의 문명사에서 찾아볼 수 없는 개념이었다. 왜냐하면 헤브라이즘의 문명사에서의 신은 인간과 이 세상을 넘어선 철저한 초월적인 존재이기 때문이다. 따라서 신에게 향한다는, 나아간다는 개념 자체가 헤브라이즘의 문명사에서 찾아 볼 수가 없다. 그런데 헬레니즘과 헤브라이즘이라는 거대한 문명이 만나면서 이러한 헬레니즘의 에로스라는 개념이 헤브라이즘 속에 융합되어 간 것이다.

156) 기독교의 선교는 통상적으로 세 시기로 나눌 수 있는데, 제 1단계는 팔레스타인에게 선교를 행한 시기이며, 제 2단계는 헬라 세계의 유대인들에게 선교를 행한 시기이며, 제 3단계는 이방인들에게 선교를 행한 시기이다. 이러한 세 시기에 따라 기독교의 내용자체가 토착화 되면서 조금씩 바뀌게 된다.

157) 어거스틴(Augustinus, 354-430): 기독교 교부.철학자로 북아프리카 타가스테(Tagaste)에서 출생한 그는 초대 기독교회의 가장 저명한 교부신학자로서 서방라틴 기독교의 대표적 학자요, 성직자라 할 수 있다. 그는 정통적 기독교 교리의 체계를 완성하였으며, 중세 스콜라 철학에도 결정적인 영향을 미친다. 그의 사상은 그의 일생과 밀접한 연관을 가지는데, 다 아는 바와 같이 그는 젊어서 마니교에 빠졌다가 신플라톤주의를 통하여 선과 악의 문제를 해결하고 기독교로 전향하는데, 이로서 그의 사상 체계에 신플라톤주의 많은 영향이 있음을 짐작할 수 있다.

158) 그런데 우리는 여기에서 어거스틴의 사상에 많은 영향을 준 신플라톤주의와 어거스틴의 관계에 대하여 언급하지 않을 수 없다. 어거스틴이 젊었을 때 마니교에 빠졌다가, 후에 신플라톤주의 강력한 영향 속에 기독교로 회심을 하게 되고, 그 터전 위에 그의 기독철학(교부철학)을 체계화시켰다는 것을 우리는 잘 알고 있다. 따라서 카리타스의 보다 체계적인 이해를 위해서도 우리는 신플라톤주의 사상을 살펴보지 않을 수 없다. 신플라톤주의의 핵심적인 사상은 바로 일자(一者)로부터 시작된다는 유출설이며, 일자의 조명(照明)을 통한 부단한 영혼의 자기정화의 길을 통하여 일자와의 합일이 이 학문의 궁극적 이상이었다. 즉 일로의 그 합일을 위한 상승의 노력과 행위, 그리고 그 상승을 통한 하강이 바로 신플라톤주의의 핵심이었던 것이다.(신플라톤주의는 궁극적으로 플라톤의 학문의 이상을 표방한다. 이는 플라톤의 학문의 이상을 논하면서 상세히 한 적 있다) 따라서 어거스틴에게도 에로스는 상승의 과정으로 아가페는 하강의 과정으로 이해되어졌던 것이다.

159) 유대교에 있어 神은 인간에게 있어 주(主-따라서 인간은 從이 됨)로서 철저하게 초월적인 존재이다. 이는 종교 발생학적으로 보면 지리적인 부분과 밀접한 연관을 가지는데, 어쨌든 이러한 유대교에 있어서는 신에게서 인간으로의 길은 열려 있어도, 인간에게서 신의 길은 철저하게 닫혀 있었던 것이다.

160) 라틴 아메리카의 해방 신학자 구스타보 구티에레스에 의하면 중세의 수도원은 하강의 과정을 도외시 하고 상승만을 강조하였기에 이웃을 외면한 채 수도원 중심으로, 종교 엘리트들과 같은 소수의 특수집단 중심으로, 개인주의적 내면 중심으로 그 내용이 변질되었다고 본다. 그래서 그는 상승을 통한, 즉 영성의 해방을 통한 이웃으로의 회심을 강조했으며, 일생 동안 라틴 아메리카의 가난하고 억압받는 자들을 위하여 그 스스로 그러한 모범된 삶을 살았다. 이러한 상승을 통한 이웃으로의 회심, 즉 하강의 과정에 대한 그의 사상은 그의 저서 <우리는 우리의 우물에서 마신다: 민중의 영적 여정>(『우리네 목마름은 우리 샘물로』, 김명덕 역,

서울: 한마당, 1986)이라는 책에 잘 나타나 있다.

161) 1171년의 어느 조사 결과 한 마을에서만 17명의 사생아가 있었다는 캔터베리의 수도원장 성 아우구스티누스, 1130년 70명이 넘는 첩을 거느리고 있었다는 증거가 드러난 스페인의 성 펠라요라는 수도원장, 그 외에도 매음굴과 같은 수녀원, 또 그 안에서 일어난 허다한 영아살해 등 중세 후기로 접어들면서 수도원에서는 많은 문제들이 있었다.: Bertrand Russell(김영철 역), 『결혼과 도덕에 관한 10가지 철학적 성찰』(서울: 자작나무, 1997), p.132.

162) "위로부터의 기독론"은 그리스도의 독특한 중요성을 강조하는데, 역사적 예수는 그리 중요한 것이 되지 못한다. 즉 그리스도는 인간이 아닌 신의 성육화(incarnation)이며, 신은 그리스도 안에서 세계를 자신에게 화해시킨다. 이에 반해 "아래로부터의 기독론"은 어떤 특정한 시간에 태어났고 특정한 장소에 살았던 나사렛 예수에서 시작된다. 그는 팔레스타인의 유대인이요. 목수요. A.D. 30년 본디오 빌라도 치세 때에 십자가에 처형되었는데, 이러한 예수는 신화가 아닌 한 인간이었다는 것이다.

163) 김영운, 『조직신학개론』(서울: 主流一念, 1991), pp.101-119.

164) 이러한 그리스도의 사명은 캘빈에 의하면 예언자, 제사장, 왕의 기능을 수행한다고 하지만, 그 궁극적인 의미는 이 세상 사람들의 상황에 맞추어 가르침을 준다는 데 있다. 따라서 그리스도의 직무는 세상 사람들의 각자 상황에 따라 인식된다고 할 수 있는데, 가령 병이 있는 자는 치유자로, 죄에 속박되어 있는 자에게는 죄를 해방하는 구세주 등으로 인식되는 것이다.

165) 이러한 아리우스의˙주장은 안디옥 성서학파, 네스토리아주의(Nestorianism), 그리고 종교개혁, 근대에는 토머스 제퍼슨, 벤저민 프랭클린, 아이작 뉴턴에게 많은 영향을 주었으며, 오늘 날에까지 전승되고 있다.

166) 예수가 신으로서 이 지상에 하강하고 우리는 그 분을 믿고 모심으로 상승하는, 하지만 예수에게 있어서는 적어도 상승의 과정이 존재하지 않는다. 그에게는 오직 하강의 과정만이 존재하는 것이다. 여기에서 기독론의 오해가 시작되는 것이다. 역사적 존재 예수에게 인간적 노력과 감정, 모든 것이 철저히 사라져 버렸다.

167) 해주스님(全好蓮), 『불교교리강좌』(서울: 불광출판부,1996), p.29에서 재인용.

168) 해주스님, 앞의 책, p. 30에서 再인용.

169) 上同, p. 30.

170) 이러한 불교의 "自他一如"의 정신은 후에 서술하겠지만, 기독교나 서양철학 등 그 밖의 종교나 이론에서는 찾아볼 수 없는 독특한 내용이다. 대부분의 종교나 이론의 교화과정에서는 일차적으로 깨달은 자와 깨닫지 못하는 자의 이분법적 분별이 존재한다. 따라서 이러한 분별은 당연히 권력의 관계로 이어지게 되는데, 궁극적으로 한 쪽으로의 일방적인 종속이 이루어지게 된다.(가령 기독교에서 예수는 목자이고 그 신도는 어린 양으로 표현하는 것이 그 대표적 경우라 하겠다. 물론 사랑이 교화의 전제 조건이긴 하지만 궁극적으로 그 사랑은 상호 수수(授受) 관계에서 오는 것이 아니라 일방적인 관계에서 오는 것이기 그 의미가 왜곡된다면, 폭력적일 수 밖에 없다) 하지만 불교의 "자타일여" 정신은 전혀 다른 의미를 갖고 있는데, 후에 보다 상세히 서술하도록 하겠다.

171) 제 2결집 시 근본분열이 이루어지며 이후 계속적인 지말분열이 이루어진다.(약 B.C 1세기경
에는 20부파가 형성됨) 불교사에서 흔히 근본분열이 시작된 시기 이후를 부파불교라 하고,
그 이전을 원시불교라 하며, 특히 석존 재세시를 일컬어 근본불교라 한다. 그리고 이러한 부
파불교의 폐단을 개혁하고자 일어난 일종의 신불교 운동이 바로 대승불교이며, 대승불교는
이러한 부파불교를 폄칭하여 소승불교라 한다.

172) 梶山雄一 外(鄭承碩 譯), 『대승불교개설』(서울: 김영사, 2001), p. 304.

173) 이는 중세 서양의 수도원과 유사하다 하겠다. 중세의 수도원 또한 왕의 경제적 후원을 받으
면서 점차 그 처음의 의미가 왜곡되어 종교 엘리트 중심, 개인의 수련 중심, 내면적 영성 개
발 중심으로 점차 외부와의 접촉을 단절한 채, 수도원 중심으로 움직였다. 이러한 폐단의 반
발로 일어난 것이 바로 루터의 종교개혁운동이라 할 수 있다.

174) 鄭承碩 譯, 앞의 책, pp. 147-148.

175) 鄭承碩 譯, 앞의 책, pp. 52-56.

176) "소승(小乘)"이라는 칭호 자체가 대승(大乘)에서 내려진 *자의적(自意) 해석이기에 그 용어
자체를 쓰기에 적절하지 않은 부분이 있지만, 본 논에서는 이해의 편의상 전통적으로 내려오
던 "소승"이란 용어를 그대로 사용하고자 한다.

   * 이러한 유사한 상황은 기독교 사에서도 찾아 볼 수 있다. 역사적 존재 예수 로부터 시작
   된 기독교 운동은 그들의 사상의 혁신성과 정당화를 위해 기존 유대 민족 내에 전승되어
   온 율법.예언서.성문서(TaNaKa=Torah, Nevi'im, Ketuvim)등 을 "구약"(舊約, "오래된
   약속")이라 폄해 버리고 그들의 새로운 말씀을 "신약"(新約, "새로운 약속")이라고 정의
   하는데, 이는 어디까지나 기독교인들의 도식 속에서 성립된 자의적 해석이라고 할 수 있
   을 것이다. 즉 유대교인들은 오늘 날까지도 그들이 가지고 있는 말씀을 "구약", "오래된 약
   속"이라고 결코 칭하지 않고 있다.

177) 정승석 譯, 앞의 책, p. 148.

178) 이는 기독교사(基督敎史)에서도 살펴볼 수 있는 부분이다. 초대 기독교가 형성되는데 지대
한 영향을 미친 사상이 바로 영지주의(靈知主義)인데,(기독교의 정경이나 교리의 체계 확립
은 거의 대부분이 영지주의와의 논쟁 속에서 이루어졌다고 해도 과언이 아님. 하지만 끝내
니케아 회의에서 정통 기독교라 자부하는 부파에 의해 이단으로 정죄 당함) 이 영지주의는
대승불교와 같이 그 정의 자체가 불가능하다. 왜냐하면 그 개념 자체가 너무도 넓은 의미로
쓰였고, 또한 그 사상의 추구방식이 혼합절충주의(syncretism)를 표방하였기에 많은 사
상들의 복합적으로 영지주의 속에 뒤섞여져 있기 때문이다. 즉 대승불교와 같이 어느 특정
한 한 시기와 한 장소에서 일어난 운동이 아니라 다양한 사상들의 복합적 영향 속에 점진적
으로 영지주의로 결정되어간 것이다. 따라서 이러한 영지주의의 기원에 대한 학자들의 의
견 또한 상이한데, 가령 버케트 같은 학자는 영지주의의 기원을 그리스 반도의 민속 신앙이
라고 할 수 있는 올페이즘으로, 모리스 같은 학자는 플라톤의 이데아론으로, 죠셉 같은 학
자는 조로아스터교의 이분법적 사고로부터 유래되었다고 주장하는 등 실로 그 정의 자체가
불가능하다.

179) 鄭承碩 譯, 앞의 책, pp. 228-242.

180) 여래장 사상을 대표하는 <구경일승보성론>에도 3신의 사상이 나오는데, 실불(實佛). 수법락불(受法樂佛). 화신불(化身佛)과 법신(法身). 보신(報身). 화신(化身)이 그것이다.

181) 『대승장엄경론』3권(T.31, 606b).

182) 上同

183) 『섭대승론본』3권(T.31, 149a). 此中自性身者 , 謂諸如來法身 , 一切法自在轉所依止故. 受用身者 , 謂依法身 , 種種諸佛衆會所顯清淨佛土, 大乘法樂爲所受故. 變化身者 , 亦依法身 , 從睹史多天宮現沒, 受生, 受欲, 踰城出家, 往外道所修諸苦行, 證大菩提, 轉大法輪, 入大涅槃故

184) 대승불교에 이르러서야 불신론의 중심이 법신, 즉 보편적인 불타로 바뀌게 된다.(물론 법화경과 같은 독특한 불신관도 있지만 전반적인 흐름이 법신 중심이었다는 것이다)

185) 平川彰 편·정승석 역. 앞의 책, pp.234-238 참조.

186) 이러한 유가행학파의 3신설은 본 논에서는 언급하지 않았지만, 여래장 사상의 대표 논서 격인 <보성론>과는 사뭇 다른 경향을 나타내는데, 다케우치 쇼코박사는 "불타관의 변천"이라는 그의 논문에서 유식학파의 3신설은 주도적 경향이 향상(向上)적, 즉 범부에서 부처, 다시 말해 헤맴에서 깨달음의 실현에 그 강조점을 두었으며, 여래장 사상 계통의 3신설에는 향하(向下)적, 즉 부처에서 범부로, 유식 사상과는 거꾸로, 위에서 아래로의 전개에 그 강조점을 두고 있다고 보았다. 즉 이 말은 유가행학파의 3신설은 상승의 과정에, 그리고 여래장 사상 계통의 3신설은 하강의 과정에 초점을 맞추었음을 의미한다 할 수 있는데, 필자는 이 또한 석존에 대한 해석의 차이에서 오는 필연적인 결과라고 생각한다.

187) 그와 더불어 인도문명은 언어적으로 본다면(원주민 드라비드 족이 물론 있었지만, 그 주도적 흐름으로 보았을 때) 인도-아리안 족의 문명이라고 할 수 있는데, 이러한 인도-아리안 족의 문명이 기독교로 대표되는 함족.셈족어군의 문명과 일찍부터 교류가 된 공통의 문명권이라는 사실에 주목해야 한다.

188) 인도의 미트라(Mitra)는 이란에서 미트흐라(Mithra)로 나타난다. 그리고 B.C.E 1,380년경에 히타이트 제국(소아세아 지역)의 왕과 미타니 제국(페르시아 지역)의 왕 사이에서 체결한 조약 속에 미트라, 바루나(Varuna), 두 나사트야(the two Nasatyas)의 신(神)이름이 나오는데 이는 모두 베다 경전에 나오는 것이다.

189) 희랍, 로마, 유대의 사상을 이란 종교의 입장에서 설명하는 학설을 "범 이란주의(Pan-Iranianism)"라고 하는데, 이를 극단으로 밀고 갈 수는 없다하더라도 영지주의와 기독교, 그리고 올페이즘에 조로아스터교가 적지 않은 역할을 했다는 것이 사계(史界)의 통설이다. 그리고 조로아스터, 즉 짜라투스트라는 바빌론에서 피타고라스를 가르쳤다고 전해진다.

190) '선'에 대해서는 '선'이 '사랑'을 포함한 개념임을 앞서 설명한 바 있다. 그리고 상기의 플라톤의 <동굴의 비유>에서 나타난 학문의 이상을 보더라도 '선'이 사랑에 기반하고 있음은 자명하다.

191) 이에 대해 부연 설명을 한다면, 우선 "부처"라는 말이 "보통명사"라는 의미에 대해서 먼저 설명하도록 하겠다. 불교에 있어 궁극적 이상은 열반 시에 석존께서 제자들에게 남기신 유언

자비의 윤리

(사리의 수습은 재가신자들에게 맡기고 "최고선을 향해 정진하라"말과 함께 제시한 제자들의 표본적 삶의 형식) "自歸依 法歸依, 自燈明 法燈明",에서 살펴볼 수 있는데, 이는 자기 자신과 석존께서 설하신 법을 귀의처와 등불로 삼아 열심히 정진 또 정진해 부처가 되라는 의미이다. 그런데 이 말씀을 되짚어 보면 우리는 이 의미를 보다 명확하게 이해할 수 있게 되는데. 다시 말해 석존께서 열반 시 남긴 마지막 말씀이 자신과 법을 귀의처로 등불로 삼으라는 것이지 가령 "법을 설하고 너희들을 지도한 나를 신앙하라"고 하신 것이 아니라는 것이다. 이는 흔히 종교학에서 불교를 법 중심주의, 수행 중심주의라 이해하는 것과 관련된 것으로 한 마디로 석존께서 남기신 법을 중심으로 직접 수행함으로 부처가 되라고 하신데 불교의 정수(淨水)가 있다는 것이다. 즉 불교는 신앙의 종교가 아닌 수행의 종교인 것이다. 누구나 수행해서 부처를 이루는… 누구나… 그 어떤 특정한 사람만이 깨달아 부처가 되는 것이 아니라… 따라서 부처라는 호칭은 석존만의 고유명사가 아니라 법을 깨닫기만 하면 누구에게 주어질 수 있는 보통명사인 것이다. 하지만 일반 종교학적 견해에서 "그리스도"라는 말은 "부처"와는 다른 의미로 이해되어진다. 그리스도라는 말은 히브리어 "메시아", 즉 "기름 부은 자"에 대응하는 라틴어로서 기독교의 교리대로라면 오직 예수만이 그리스도이다. 즉 다시 말해 그리스도는 예수만의 고유명사인 것이다. 이는 기독교의 교리의 대략적 이해를 요구하는 것으로, 간단하게 설명하면 예수는 오직 홀로 신(神)의 독생자로서 원죄(原罪) 이후 타락(墮落)한 인人과 신(神) 사이의 관계를 복원하는 역할을 담당하고 있기 때문이다. 따라서 예수는 신의 가르침(啓示)을 전하는 신권(神權)의 대리자로 오로지 홀로 그 역할을 수행하는 것이다.(그래서 현대 신학자 폴 틸리히나 위르겐 몰트만은 예수를 '유일회적 계시'-the ultimate revelation-라고 정의했다) 따라서 이는 기독교 신자가 아무리 '예수'를 무량겁의 시간만큼 열심히 믿는다 해도 결코 '그리스도'가 될 수 없음을 의미하는 것이라 할 것이다. 이러한 의미에서 그리스도는 명칭은 예수만의 고유명사인 것이다. 하지만 이는 상기에서 살펴본 제 4복음서의 내용이나 기독론 논쟁에서 이단으로 정죄된 아리우스의 기독론적 견해와 비교해본다면 상당히 이질적인 내용의 것으로 이러한 이질적 내용들이 함께 기독론(基督論)이라는 큰 카테고리 속에 함장되어 있기에 불신론과 기독론 사이의 대화 가능성이 열리게 되는 것이다. 어쨌든 이상이 부처는 보통명사요 그리스도 예수만의 고유명사라는 의미이다.

192) 만약 누구나 그리스도가 될 가능성이 있다면 당연히 그 방법론이 제시되어야 하며, 그 방법론은 보통명사 그리스도 될 가능성에 대한 수행론이어야 한다. 이에 대해서는 앞서 <아가페·에로스로 본 기독교 발전과정과 상승·하강의 형이상학적 배경>에서 이미 그 가능성을 언급한 바이다. 참조하기를 바란다. 즉 이전까지 종교학에서는 그리스도라는 명칭 자체가 예수만의 고유명사로 이해되었기에 예수만을 믿는 신앙종교의 형태로 이해되었다.

193) 이에 대해서는 <동굴의 비유>에서도 살펴볼 수 있지만, 플라톤의 정치 이상에도 나타나고 있다. 플라톤의 정치사상에 의하면 철인(or 학문의 이상을 완성한 철학자)이 국가의 통치자가 되어야 한다. 왜냐하면 그는 궁극적으로 선(<동굴의 비유>에서 해빛을 의미함)을 알고 있기 때문이다. 아니 더 정확하게 말한다면 선이 그에 의해 말의어지는 것이다. 이러한 철인은 어릴 때부터 교육되며, 엄격한 시험과정을 거쳐 최종적으로 합격한 사람이 철인이 될 수 있다는 사상에 의해 철인의 가능성은 누구에게나 열려져 있다고 할 수 있다.

194) "신(神)은 죽었다"는 선포로 서구의 기독교적 윤리의 종말을 선언한 니체의 궁극적 비판은 바로 이러한 복종적 윤리의 성립에 맞추어져 있다. 그래서 니체는 이러한 기독교적 윤리를 "弱者의 倫理"라고 비아냥거렸던 것이다.

195) 이는 현대 최고의 철학자라고 칭해지는 하이데거에 있어서도 그 흔적을 살펴볼 수 있다. 하이데거는 현존재(Dasein)를 '염려'로 규정하는데, 인간존재를 '염려'로 규정하는 이상 이 세상은 염려하는 존재의 도구요, 수단이다.

196) 플라톤의 사상은 올페우스교의 강력한 영향 속에서 탄생하였다. 그는 올페이즘의 영향을 받은 피타고라스의 사상을 기원전 390-388년에 아르키타스에 의해 접학 되는데, 실상 피타고라스 주의는 그의 영혼선재설, 교육론, 윤리적, 정치, 종말론적인 신화 및 특히 그의 학원(아카데메이아)의 학문과 생활 형식에 큰 영향을 미친다. 그리고 재미있는 사실은 그의 아카데메이아 학원에 올페우스교의 신전이 있었다는 것이다.(강성위 譯 , 앞의 책, p. 115)이러한 사실은 플라톤에게 있어 종교적 신념이 학문의 출발점이었다는 것을 보여주는 중요한 증거라 보여 진다.

197) G.C 필드/양문흠 譯, 『플라톤의 철학』(서울: 서광사, 1986), p.70.

198) 요한네스 힐쉬베르거/강성위 譯, 『서양철학사 上』(서울: 이문출판사, 1999), p.181.

자비의 윤리

자비의 윤리

1판 1쇄 인쇄 | 2023년 10월 23일
1판 1쇄 발행 | 2023년 10월 30일

지은이 　| 윤영호

발행인 　| 김용환
디자인 　| 이현중

등록 　　| 2019년 7월 16일(제406-2019-000079호)
주소 　　| 서울시 구로구 디지털로 288, 1212-27호
연락처 　| 070-8957-7076
이메일 　| sowonbook@naver.com

ISBN 　| 979-11-91573-16-9 (03100)
정가 　　| 16,000원

"이 책의 본문은 '을유1945' 서체를 사용했습니다."

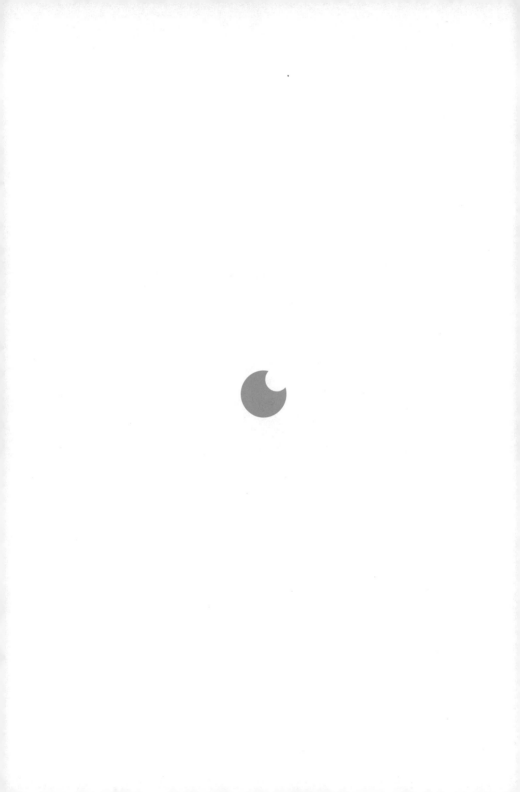

자비의 윤리